Heidemarie Brosche

Casting

Hase und Igel®

Danke an Gitti.

Für Lehrkräfte gibt es zu diesem Buch
ausführliches Begleitmaterial beim Hase und Igel Verlag.

www.hase-und-igel.de
Lektorat: Annette Huppertz
Umschlaggestaltung: Appel Grafik München GmbH
Druck: CPI – Ebner & Spiegel, Ulm

ISBN 978-3-86760-154-2
1. Auflage 2012

1. Kapitel

„Das ist es!“, schreit Jan aus der Küche. „Das passt perfekt. Da *musst* du einfach mitmachen!“

Hä? Wo muss ich mitmachen? Mein Bruder spricht wieder mal in Rätseln.

„Also, wenn du diese Chance nicht nutzt, kann ich dir auch nicht mehr helfen.“

Oh nein, eine Chance! Bestimmt hat er ein Nachhilfeinstitut entdeckt, das Mädchen ohne Grips für zehn Cent pro Stunde den Schulstoff in den Kopf pustet. *Das* würde tatsächlich zu mir passen.

„Wovon redest du?“, schreie ich zurück. Immerhin muss ich sowohl Rühr- als auch Radiogerät übertönen.

„Komm her!“, brüllt Jan gegen seinen eigenen Lärm an.

Ich schleppe mich also vom Sofa in die Küche, in der mein schlauer Halbbruder den Hausmann spielt. Irgendwie hat das was. Der Junge ist so klug, dass er jetzt sogar studiert. Und wenn er früher von der Uni nach Hause kommt, kocht er auch noch für mich. Die Frau, die ihn mal bekommt, muss ihm einfach zu Füßen liegen.

Sonst kratze ich ihr eigenhändig das Tattoo von der Haut – sofern sie eines trägt.

„Da!" Jan weist mit einem seiner Teigfinger auf die Zeitung, die vor ihm liegt.

Das gibt's doch nicht, der liest auch noch während des Kochens! Ich starre ihn an. „Bist du sicher, dass bei dir alles in Ordnung ist?", frage ich ihn.

„Lies endlich!"

Oje, jetzt wird er ungeduldig. Ehe mein Bruderherz vor Frust das Rührgerät in die Ecke schleudert, tue ich ihm den Gefallen und beuge mich über die Zeitung. Eine Riesenüberschrift ist da zu sehen. Sie lautet: *youngTrend sucht das Superpaar.*

Ich starre Jan erneut an. Ich verstehe einfach nicht.

„Was habe *ich* mit einem Mode-Label zu tun, dessen Klamotten ich mir in hundert Jahren noch nicht leisten kann?", frage ich schließlich.

Jan wirkt so unglücklich über meine Begriffsstutzigkeit, dass ich es noch mal versuche. „Denkst du an dich und mich als Superpaar?"

„Mensch, Mia", herrscht Jan mich an, und ich fürchte nun wirklich um das Rührgerät, „lies doch endlich mal den Artikel! *Das* wirst …" Dann verstummt er.

Ich weiß genau, was ihm auf der Zunge lag: „*Das* wirst du doch wohl noch können." Er hat ja recht. Besonders viel kann ich wirklich nicht. Immerhin hat er diese kleine Gehässigkeit runtergeschluckt. Das rechne ich ihm hoch an. Brav beuge ich mich über den Artikel. Mann, ist der lang!

Langsam arbeiten sich meine Augen durch den Buchstabendschungel. Ich verstehe erst mal gar nichts. Doch plötzlich begreife ich: Die Edel-Modemarke *youngTrend* plant eine neue Linie. Dafür suchen sie Model-Pärchen: sie und ihn, beide jung, beide top. Und weil die von *youngTrend* auch topmodern sein wollen, veranstalten sie einen Aufstand à la *Germany's Next Topmodel*. Das Besondere: Sie haben ganz genaue Vorstellungen davon, wie so ein Pärchen aussehen soll.

Er: muskulös, sportlich, nicht kleiner als 1,80 m, Typ „Robert Pattinson"

Sie: schlank, langbeinig, nicht kleiner als 1,75 m, Typ „Kristen Stewart"

An dieser Stelle wird mir ganz anders und ich weiß plötzlich, warum mein Bruder so aus dem

Häuschen ist. Ich schaue von der Zeitung auf, begegne Jans erwartungsvollem Blick, sehe wieder in die Zeitung, sehe wieder Jan an. Ich spüre, wie mein Herz zu klopfen beginnt. Und ich sage nur ein Wort: „Wow!“

Als ich mich vom ersten Schock erholt habe, gehe ich in mich. Bisher ist mir dieser ganze Hype um die *Twilight*-Saga total auf den Wecker gegangen. Und genervt hat mich ganz besonders, plötzlich von allen möglichen Leuten mit „Bella“ angesprochen zu werden, nur weil ich dieser Kristen so ähnlich sehe. Geholfen hat es mir nicht die Bohne. Die Kerle, die bei mir landen wollten, haben mich nicht interessiert. Und Edward, der Vampir, hat sich auch noch nie in unser Viertel verirrt. Kein Bis(s) für mich!

Aber jetzt … jetzt verstehe ich Jans Aufregung. Denn da steht noch etwas: Dem Siegerpärchen winkt ein Werbevertrag bei *youngTrend* über je 20 000 Euro. Ich zähle die Nullen, bis ich wirklich sicher bin, dass ich mich nicht getäuscht habe.

Dann mache ich eine Bestandsaufnahme: Ja, ich bin groß und dünn – wie mein Erzeuger eben. Noch heute reden die Leute hier vom legendären „Charly Langbein“. Nur dumm, dass Mister Langbein auf seinen langen Beinen auf und davon ist, als ich noch nicht mal im Kindergarten war. Na ja, immerhin übertreffe ich mit 1,78 m sogar die *youngTrend*-Anforderungen.

Dass ich groß und dünn bin – das hat mir bis zum heutigen Tag nun wirklich nichts gebracht. Außer blödem Lachen und noch blöderen Bemerkungen: „Bohnenstange, brich nicht ab!", „Süße, wie ist die Luft da oben?" oder „Für manche ist es ein Mädchen, für andere das längste Klappergestell der Welt." Das waren so die Komplimente, die ich bisher bekommen habe.

Tja, und jetzt sieht es ganz so aus, als hätten sie die Ausschreibung genau für mich gemacht.

„Wow!", sage ich noch mal, weil ich so durcheinander bin.

Jan ist es ganz und gar nicht. Mit dem Rührgerät in der Hand knallt er mir zwei Sätze entgegen: „Erstens: In genau einer Woche ziehen die von *youngTrend* das Casting in unserer Stadt durch. Zweitens: Die Zeit bis dahin muss unbedingt genutzt werden."

Ich spüre, wie meine Knie zu zittern beginnen. Eine Woche? Zeit nutzen? Wofür denn? Wie denn? Womit soll ich denn anfangen?

Im Fernsehen habe ich mir das schon oft angesehen: Mädels, die über den Laufsteg stolzieren und nach einem netten Wort von der Jury lechzen. Aber ich? Ich hab ja noch nicht mal High Heels. Den Jungen auf den Kopf zu spucken, war einfach nie mein Ziel.

Jan errät meine Gedanken, noch bevor ich sie zu Ende gedacht habe. „Du musst üben, wie man sich auf diesen hohen Dingern bewegt", sagt er. „Außerdem werden sie dich bestimmt ein bisschen ausfragen. Deutschlands Superpfeife werden sie sicher keinen Vertrag anbieten."

„Aber …", schnappe ich entsetzt nach Luft. Das hat mir gerade noch gefehlt. Wenn es ums Ausfragen geht, bin ich verloren! Nicht umsonst habe ich den Quali vergeigt und sitze mir jetzt ohne Ausbildungsplatz in der Berufslosenklasse den Hintern platt. Ich werde bei diesem Superpaar-Quatsch kläglich scheitern. Das weiß ich jetzt schon.

„Ich helfe dir", sagt Jan und stößt mich freundschaftlich in die Rippen. „Verlass dich auf mich!"

2. Kapitel

Während ich mit den High Heels, die wir gerade erst gekauft haben, durch die Wohnung stöckle, googelt Jan wie ein Weltmeister alles rund ums Modeln: Model-Agenturen, Model-Wissen, Model-Tricks ... Ich weiß das, weil ich ihm am Ende jeder Trainingsrunde neugierig über die Schulter schaue.

Plötzlich klingelt es.

Ich stakse zur Tür und glotze durch den Spion. Paule von nebenan! Enttäuscht öffne ich die Tür.

„Kam an, als ich unter der Dusche war", grunzt unser übellauniger Nachbar und hält mir mit vorwurfsvollem Blick ein Päckchen entgegen.

Bist du sicher, dass du unter der Dusche warst und nicht unter der Bettdecke?, würde ich am liebsten zurückgrunzen. So wie der manchmal riecht, lässt er nur im Notfall Wasser an seinen Körper. Doch weil ich gerade dabei bin zu üben, setze ich mein liebstes Kristen-Lächeln auf und sage: „Danke, mein Schatz!"

Paule schneidet eine dämliche Grimasse und verschwindet schlurfend in seiner Wohnung, aus der es erbärmlich nach Zigarettenrauch stinkt.

Vermutlich verbucht er den Ausflug an unsere Wohnungstür als Extrem-Ausdauertraining in seinem ganz persönlichen Fitnessplan.

Als Laufsteg-Queen stöckle ich zurück ins Wohnzimmer und reiche Jan das Päckchen. Mein Bruder blickt zerstreut vom PC auf. Im nächsten Moment gleitet ein verzücktes Lächeln über sein Gesicht. „Endlich!“, sagt er und schon hat er das Ding aufgerissen.

Oh Mann, es gibt auch Model-Bücher! Und hier liegen gleich drei davon.

Bevor ich völlig verzage, hat Jan sich „Model werden – Tipps aus der Praxis“, „Erfolgreich als Model“ und „Traumberuf Topmodel“ geschnappt und ist in seinem Zimmer verschwunden. Ich verstehe nicht, was er vorhat. Drei Bücher kann man unmöglich innerhalb einer knappen Woche lesen!

Nachdem ich mich von dem Bücher-Schock erholt habe, beschließe ich weiterzuüben. Ich werfe meine Mähne nach hinten, knalle die Absätze auf den Laminatboden und fühle mich großartig. Etwa dreieinhalb Minuten lang. Dann höre ich heftiges Klopfen von unten. Wie konnte ich nur vergessen, dass Müllers nichts mehr lieben, als den Besenstiel in ihre Zimmerdecke zu rammen?

Soll mir recht sein. Mir tun ohnehin schon die Füße weh. Ich steige also ab und genieße, dass ich meine Zehen wieder bewegen kann.

Als Nächstes postiere ich mich vor unserem Badezimmerspiegel und übe den Kristen-Stewart-Blick. Plötzlich fällt mir ein, was Meryem mir neulich erzählt hat: dass Kristen sich ständig so süß auf die Unterlippe beißt. Ich übe auch das. Leider sieht es bei mir so aus, als wollte ich mir die Lippe abbeißen. Doch ich gebe nicht auf. Ich beiße und beiße und beiße …

Da läutet das Telefon. Verflixt!

Es ist Mama, die von ihrer Supermarktkasse aus anruft. „Ihr kommt doch zurecht?“, fragt sie gehetzt. Und dann verkündet sie, dass sie wieder direkt von der Arbeit zu Horst fahren wird. Soll sie doch! Wir kommen klar! Von mir aus kann sie auch gleich bei ihrem Horst einziehen.

Ich beschließe, das Lippenbeißen erst mal aufzugeben und Spaghetti zu kochen. Als ich das Wasser abschütte, stürmt Jan aus seinem Zimmer. „Mit denen bin ich durch“, ruft er freudig und hält mir triumphierend zwei der Model-Bücher entgegen. „Hab das Wichtigste farbig markiert. Das *musst* du lesen.“

Wie gut, dass das Essen fertig ist! So habe ich wenigstens noch eine Schonfrist.

Ich lasse mir Zeit und drehe jede Nudel einzeln auf, doch irgendwann ist auch *mein* Teller leer. Beherzt schnappe ich mir das dünnere der beiden Bücher. Eine Frau erzählt von ihrer Zeit als Model. Mit spitzen Fingern blättere ich die Seiten durch und sehe, dass Jan gnädig war. Nur hin und wieder leuchtet mir das Marker-Gelb entgegen. Auf Seite 53 lese ich, dass man von Anfang an selbstbewusst sein muss. Auf Seite 98, dass man immer zu sich selbst stehen sollte. Auf Seite 126, dass mit Zickenterror zu rechnen ist.

Ich lese weiter, und urplötzlich habe ich das Gefühl, dass mir jemand in meine bis zum Rand mit Spaghetti gefüllte Magengrube schlägt. Das Ex-Model sagt ganz klar, dass man auch mit „fast nichts" auf den Catwalk muss. Na wunderbar, soll ich mein Klappergestell etwa der ganzen Welt zeigen? Ich will nicht, dass die mir auf meine nackte Haut starren. Die können mich alle mal. Ich schleudere das Buch in die Ecke und stampfe mit dem Fuß auf. *Ich will das nicht!* Dann fallen mir die 20 000 Euro wieder ein – und Jan, den ich nicht enttäuschen will. Also schnappe ich mir das Buch erneut und quäle mich weiter durch das gelb Markierte.

Als ich endlich fertiggelesen habe, schleiche ich mich auf Zehenspitzen ins Bad. Jan soll mich jetzt nicht hören. Ich weiß, dass er wieder über seiner eigenen Arbeit brütet. Und ich will, dass er weiterlernt. Er soll sein Studium nicht vernachlässigen. Und abfragen soll er mich jetzt auch nicht.

Im Bad stelle ich mich vor den Spiegel und versuche noch mal das Kristen-Schnütchen. Dann reitet mich der Teufel. Ich wiege mich im Takt einer Musik, die nur in meinem Kopf spielt, und beginne mich auszuziehen. Ich gerate so sehr in Schwung, dass ich einen regelrechten Striptease hinlege. Ich feuere erst mein Sweatshirt in die Ecke, dann reiße ich mir die Jeans vom Leib. Schließlich versuche ich, meine Füße möglichst sexy zu entkleiden. Dabei verliere ich das Gleichgewicht, knalle gegen die Waschmaschine und versenke gleichzeitig eine Socke im Klo. Igitt, das Ding ziehe ich nicht mehr an! Mit meinem gesamten Fliegengewicht lehne ich mich gegen den Spülknopf und wende mich an den Klogeist: Bitte nimm die Socke zu dir! Mach, dass es keine Rohrverstopfung gibt!

Als ich endlich in BH und String dastehe, habe ich einen Entschluss gefasst: Solange ich mich nicht komplett ausziehen muss, werde ich das Spiel mitmachen. *So* schlecht sehe ich nun auch wieder nicht aus.

3. Kapitel

Wie schnell eine Woche vergeht, wenn man tausend kleine Sachen hinter sich bringen muss und eine Riesensache vor sich hat!

Ständig stellt Jan mir neue Aufgaben. Immer wieder übe ich vor unserem kleinen Badezimmerspiegel, meinen Körper richtig zu bewegen, meinen Kopf richtig zu halten, meine Mähne richtig zu werfen. Und weil meinem Bruder das alles noch nicht reicht, filmt er mich mit dem Handy und zeigt mir das Ergebnis am PC.

Immer wenn ich mich gerade wie der neue Stern am Model-Himmel fühle, fällt ihm etwas ein, was ich noch verbessern könnte. Dann haue ich ihm meine High Heels um die Ohren – in Gedanken natürlich nur. Ich weiß ja, dass er recht hat.

Schließlich ist es so weit. Das Casting findet im *Hotel Victory* statt. Wenn wir rechtzeitig dort eintreffen wollen, müssen wir jetzt losfahren.

Ich kontrolliere mein frisch geschminktes Gesicht und trotte hinter Jan her zu seiner kleinen Rostbeule, hieve seine Sporttasche mit meinen Sachen auf den Rücksitz und lasse mich auf den

Beifahrersitz plumpsen. Das Herztrommeln, mit dem ich heute Morgen aufgewacht bin und das mir seither treu geblieben ist, steigert sich sekündlich. Inzwischen kann es mit dem Rhythmus von Jans Technosound spielend mithalten.

Mein Bruder nickt mir beruhigend zu, ehe er losfährt. Dann lenkt er das Auto durch den Großstadtverkehr. Sein Kopf wippt dabei im Rhythmus der Musik. Während ich zum Fenster hinausstarre, schwöre ich mir zum hundertsten Mal: Ich werde ihn nicht enttäuschen.

„Stau bis(s) zum Parkplatz!“, reißt mich Jan aus meinen Gedanken und zeigt auf die vielen Autos, die sich von allen Seiten dem Hotel nähern.

Oje, schon da! Oje, Massenansturm! Und mit welchen Autos die alle angeliefert werden!

Bestimmt sind die anderen viel toller als ich. Wer verirrt sich schon aus unserer Schmuddelsiedlung hierher?!

Trotz des Getümmels findet Jan im Nu ein Plätzchen für das Auto. Dann schleiche ich an seiner Seite zu den anderen und schon stecken wir in einer Ansammlung aus Möchtegern-Kristens und -Roberts. Die meisten sind mit ihren Mamis hier. Was bin ich froh, dass ich Jan dabeihabe!

Doch die Freude währt nur kurz. „Angehörige und Begleitpersonen warten bitte hier. Die jungen Damen können sich in Raum H1 frisch machen und werden dort aufgerufen“, verkündet Frau Klum. Na ja, sie ist es nicht wirklich. Aber dieses Blondchen gibt sich alle Mühe, so auszusehen wie die schöne Heidi aus dem Fernsehen. Mit einem Finger, an dem sich geschätzte sieben Ringe tummeln, weist sie den Gang entlang. „Die jungen Herren …“

Mehr höre ich nicht mehr, denn ich dackle eifrig hinter den anderen Mädchen her. Schließlich will ich nicht als Erste ausscheiden, weil ich H1 nicht finde.

Der Raum ist eine Riesenenttäuschung. Ein paar Spiegel stehen da herum. Außerdem jede Menge schäbiger Bänke, auf denen wir unsere Taschen abstellen können. Die Umkleidekabinen an unserer Schule hatten eindeutig mehr Charme.

Während ich meine Ballerinas gegen die neuen High Heels austausche und mich in den Kampf um einen der Spiegel stürze, werfe ich unauffällige Blicke auf meine Konkurrentinnen. Was bei denen nach Kristen Stewart aussehen soll, würde mich mal interessieren. Haben die alle Tomaten auf den Augen? Na ja, vielleicht sind sie geniale Lippenbeißerinnen.

Ehe ich in Gedanken weiterlästern kann, müssen wir unsere persönlichen Daten angeben und erhalten Nummern. 34 sind es insgesamt, ich habe die 22. So unauffällig wie möglich freue ich mich: Jan ist vor Kurzem 22 geworden. 22 ist meine Glückszahl, davon bin ich nun fest überzeugt.

Schon wird die Nummer 1 aufgerufen. Ein Mädchen, das ohne Absätze geschätzte 1,50 Meter groß ist, stöckelt davon. Nach etwa drei Minuten ist die 2 dran. Sie ist groß und hübsch, hat aber ratzekurzes Haar.

Ich tue etwas, was ich freiwillig noch nie gemacht habe: Ich rechne. Wenn sie für eine Kandidatin etwa drei Minuten brauchen, dann brauchen sie für zehn etwa 30 Minuten und für 20 etwa 60 Minuten. Ich muss also mindestens eine Stunde warten. Wäre ich nur nicht so voreilig in die High Heels geschlüpft! Jetzt ist es zu spät. Wenn ich die Dinger ausziehe, riskiere ich beim Wiedereinstieg noch größere Schmerzen. Ich setze mich also vorsichtig auf eine der Bänke und stelle fest, dass alle anderen mir folgen. Wow, fantastisch, wie ich die Massen im Griff habe!

„Welche Nummer hast du?", will das Mädchen links von mir plötzlich wissen.

Ich verrate ihr meine Zahl.

„Ich hab die 21", plappert das Mädchen weiter. „Ist ja witzig, dass ich genau vor dir drankomme." Dann reißt sie die Augen auf. „Wow, du siehst Kristen Stewart ja wahnsinnig ähnlich", sagt sie und schüttelt ungläubig den Kopf. „Meine Mutter wäre glücklich, wenn sie eine Tochter wie dich hätte. Die wünscht sich nichts sehnlicher als eine Laufsteg-Queen. Ich bin nur hier, weil sie so schrecklich Druck gemacht hat."

Das gibt es also auch: Mütter, die Druck machen! Meine Mutter hat noch nie Druck gemacht. Ich glaube manchmal, wir sind ihr ziemlich egal. Noch nicht mal für Jans Studium interessiert sie sich so richtig. Bei ihr geht es meistens nur um die Arbeit und um einen neuen Mann.

Keine Ahnung, welche Art von Mutter besser ist. Im Moment habe ich auch keine Zeit, darüber nachzudenken, denn das Mädchen bombardiert mich ständig mit neuen Fragen. Als sie gerade wissen will, wie viele Bis(s)-Bücher ich gelesen habe, rettet mich plötzlich die Zahl 21. Die wird nämlich aufgerufen. Und das Mädchen ist weg.

Ich stehe schon mal auf, werfe einen letzten Kontrollblick in den Spiegel und stelle fest, dass ich zittere. Oh Mann, als Schlotter-Queen will ich nicht auftreten! Was soll ich nur tun? Ich erinnere mich an das Model-Buch. Dort stand: Im Zitterfall atmen! Ganz ruhig atmen!

Ich atme also, was das Zeug hält, werde ruhiger und höre: „Die 22 bitte!"

4. Kapitel

Ohne auf die anderen Mädchen zu achten, stakse ich hinter einer älteren Frau zur Tür hinaus, die auch die anderen Mädchen abgeholt hat. Sie nimmt mir Jans Tasche aus der Hand und wackelt mit ihrem gigantischen Hinterteil vor mir den Gang entlang. Plötzlich dreht sie sich um und lächelt mir freundlich zu. Im Nu tun mir meine Läster-Gedanken leid.

„Brauchst du nicht sein aufgeregt", sagt sie ganz lieb. „Hast du echt Chancen."

Es scheint, dass die Dame es gut mit mir meint, und dass ich besser Deutsch kann als sie.

Bevor ich etwas erwidern kann, öffnet sie eine Tür und winkt mich in einen langgezogenen Raum. Erst da wird mir klar, dass es das jetzt ist – das Casting. Für einen kurzen Moment meldet sich der Trommelwirbel in meiner Brust zurück. Vor Schreck bleibe ich stehen. Da höre ich die Stimme eines Bären brummen: „Kannst du auch gehen oder nur stehen?" Sie gehört zu einem jungen Mann mit Wuschelkopf, der am anderen Ende des Raumes neben einer mittelalten Dame sitzt.

Genau das habe ich gebraucht. Wenn man mir blöd kommt, entfalte ich ungeahnte Kräfte.

„Dann pass mal gut auf!", sage ich, setze mein strahlendstes Kristen-Lächeln auf und schreite auf den Brummbären zu.

Als ich direkt vor ihm und der Frau stehe, werfe ich mein Haar über die Schulter, knabbere wie zufällig an meiner Unterlippe und drehe mich wieder um. Hocherhobenen Hauptes schreite ich zurück. Selbst wenn der Traum von Ruhm und Reichtum an dieser Stelle endgültig ausgeträumt sein sollte – allein für den Gesichtsausdruck von Mr Unverschämt hat sich der ganze Stress auf jeden Fall gelohnt.

Als ich gerade an der Tür ankomme, höre ich ein Flöten: „Könntest du bitte noch mal laufen?" Plötzlich ist er kein Brummbär mehr, sondern eine Nachtigall.

„Gerne", flöte ich zurück.

Weil ich ihm zeigen will, dass meine Gesichtszüge nicht eingefroren sind, lasse ich das Lächeln und Knabbern diesmal. Stattdessen sehe ich ihm mit entschlossen-ernstem Blick in die Augen. Dank Jans Intensivtraining halte ich das gefühlte hundert Sekunden durch.

Der Knabe scheint hin und weg zu sein. „Du brauchst nicht zu warten“, sagt er. „Beim Recall bist du dabei. Du hörst von uns.“

Vor lauter Schock vergesse ich frech zu sein. Stattdessen sage ich ganz lieb „Danke“, strahle die beiden an und schwebe zu Jans Tasche, die neben der Tür einsam und allein auf mich wartet. Von der lieben Frau ist nichts mehr zu sehen. Sie ist schon wieder unterwegs, um das nächste Mädchen abzuholen.

Das mit dem Schweben hält sich. Auch als ich die High Heels gegen die Ballerinas getauscht habe, fühle ich mich wie auf Wolken. Ich öffne die Tür mit dem Zettel *Begleitpersonen.* Etwa hundert Augenpaare sind voller Erwartung auf mich gerichtet und formulieren ein stummes „Und?“. So wie die alle schauen, hat es bisher noch niemand in die nächste Runde geschafft. Sollte ich wirklich die Einzige sein, die schon im Recall ist? Und warum sitzen hier so viele? Wir sind doch nur 34. Dann fällt mir ein, dass es ja auch um die schönen Roberts geht. Im nächsten Moment bemerke ich, dass ich Jan nirgendwo entdecken kann. Und dann, dass ich vielleicht noch irgendetwas sagen sollte, ehe ich mich verdünnisiere.

„Wiedersehen!“, quetsche ich wie in Trance hervor und weiß im selben Moment, dass es nicht das war, was die Leute von mir hören wollten.

„Was ist denn los da drinnen?“

„Wie lange dauert das noch?“

„Wieso bist du schon fertig?“

Das hauen sie mir um die Ohren, die Begleitpersonen. Dabei schauen sie mich auf eine ganz bestimmte Art an. Irgendwie so von oben herab. Deshalb beschließe ich, meinen Triumph doch noch auszukosten.

„*Ich* bin weiter“, sage ich. „Von den anderen weiß ich nichts.“

Dann drehe ich mich um. In die belämmerten Gesichter zu blicken, erspare ich mir. Stattdessen mache ich mich auf die Suche nach Jan.

Auf dem Weg zum Ausgang kommen mir zwei junge Männer entgegen. Mit Edward, dem Vampir, haben sie nur die Gesichtsfarbe gemeinsam.

„Fuck!“, sagt der eine.

Auch der andere lässt den Kopf hängen. Da weiß ich, dass sie draußen sind. Und fange wieder an zu schweben.

Als ich die Hoteltür öffne, sehe ich Jan schon von Weitem an seinem Auto lehnen. Er liest. Jetzt hält mich nichts mehr. Ich verabschiede mich von meinem Schwebezustand und renne so schnell ich kann auf ihn zu. Jan ist so konzentriert, dass er mich erst im letzten Moment bemerkt.

„Was ist los?“, bestürmt er mich und sieht dabei total besorgt aus. „Wieso bist du schon hier? Die haben doch gesagt, das kann ein paar Stunden dauern.“

Diesen Moment würde ich gerne tagelang genießen. Natürlich halte ich nur ein paar Sekunden durch. Grinsend sage ich: „Ich – bin – weiter.“

Jan sieht mich fassungslos an. Dann boxt er mich vor lauter Übermut in die Seite.

„Hey!“, weise ich ihn vornehm zurecht. „Mein Körper ist jetzt wertvoll. Blaue Flecken kann ich beim Recall nicht gebrauchen!“

Dann erzähle ich ihm die ganze Geschichte. Von H1, Nummer 21 und dem Brummbären, der plötzlich flöten konnte.

Wir beschließen, ins *OffenBar* zu gehen und unseren Erfolg zu feiern.

5. Kapitel

Als wir zu Hause ankommen, steht Mama in der Küche und brutzelt irgendetwas. Es riecht leicht verbrannt.

„Heute kein Horst-Tag?“, frage ich spöttisch.

Sie schaut mich an und ich sehe, dass sie rot geweinte Augen hat. Für einen Moment werde ich unsicher. Soll ich ihr sagen, welchen Triumph es heute zu feiern gibt? Vielleicht würde sie das auf andere Gedanken bringen. Fragend schaue ich Jan an, der mir in die Küche gefolgt ist. Er schüttelt ganz leicht den Kopf. Nein, heißt das, wir hatten einen Grund, sie nicht einzuweihen.

Da hat er recht. Mama ist nämlich mit einer seltenen Begabung gesegnet. Wenn es irgendwie möglich ist, anderen Menschen etwas mieszumachen, schafft sie es. Sie glaubt an das Schlechte im Menschen. Sie kann sich nicht richtig freuen. Mit ihrer miesepetrigen Art hat sie schon jede Menge Männer in die Flucht gejagt. Vermutlich hat dieser Horst sich heute einen Befreiungsschlag gegönnt. Obwohl ich den Kerl verstehen müsste, spüre ich, wie ich wütend werde. Wenn einer Mama die Meinung sagt, dann sind das Jan und ich. Wer nicht zur Familie gehört, hat gefälligst nett zu unserer Mutter zu sein.

Während des Essens verwickelt Jan Mama in ein Gespräch über unseren Nachbarn Paule. Er ist da sehr geschickt. Paule kommt als Partner für Mama nicht infrage. Er ist schon sehr lange unser Nachbar und eine richtige Mitleidsfigur. Schließlich bringt Jan Mama sogar dazu, sich darüber Gedanken zu machen, wie Paule zu dem wurde, der er ist. Warum er es so schwer hat im Leben. Und was sie tun könnte, damit er nicht noch mehr absackt. Mama steigt voll darauf ein und plant, ihn mal einzuladen. Das lenkt sie von ihrem eigenen Kummer ab. Und mich davon, mich zu verplappern.

Noch während des Essens merke ich plötzlich, wie erschöpft ich bin. Es fühlt sich an, als habe jemand alle Kraft aus mir gesaugt. Ich schnappe mir Teller und Gabel und haue mich vor den Fernseher. Mama folgt mir. Gemeinsam glotzen wir in den Apparat – beide zu fertig, um umzuschalten. Nur Jan ist wieder fleißig. Man hört ihn in der Küche mit dem Geschirr klappern.

Im Fernsehen wickelt irgendeine Lilli irgendwelche Männer um den Finger. Mama schnieft und stöhnt. Endlich werden ihre Atemzüge ruhiger und gleichmäßiger. Dann schläft sie. Hoffentlich erscheint ihr Horst nicht im Traum.

Wenig später steht Jan in der Tür.

„Brauchst du Hilfe?“, frage ich kleinlaut.

Er winkt ab und macht mir ein Zeichen, dass ich zu ihm in die Küche kommen soll. Während er die letzten Fettspritzer vom Herd wischt, will er wissen, wann der Recall ist.

Ich habe keinen blassen Schimmer. „Der Brummbär hat gesagt, dass ich von ihnen höre“, berichte ich wahrheitsgemäß. Und dann fällt mir auf, dass ich absolut keinen Peil habe, wann und wie ich etwas hören werde. Ein schreckliches Gefühl kriecht in mir hoch. Wenn die rein gar nichts von sich hören lassen? Wenn die mich nur vergackeiert haben?

„Und du hast nicht nachgefragt?“, sagt Jan ungläubig.

„Hab nicht dran gedacht“, flüstere ich kleinlaut.

Dann verziehe ich mich in mein Bett. Beim Einschlafen fällt mir ein, dass morgen Berufsschultag ist. Pfui Teufel!

Im Traum vermischt sich alles. Die nette Frau mit dem dicken Hintern ist meine Lehrerin an der Berufsschule. Der Heidi-Klum-Verschnitt sitzt als Banknachbarin neben mir und sortiert Ringe. Der Brummbär treibt als bleichgesichtiger Vampir sein Unwesen. Schwitzend wälze ich mich im Bett hin und her.

Als ich aufwache, kommt mir die Casting-Geschichte wie ein Traum vor. Das kann doch nicht sein, dass ausgerechnet ich als Erste weitergekommen bin! Die haben mich wahrscheinlich überhaupt nicht ausgewählt. Ich hab da wieder mal etwas komplett falsch verstanden. Ganz bestimmt!

In der Berufsschule erzähle ich kein Wort. Glaubt ja doch keiner, dass so ein Klappergestell wie ich Model wird. Ich ertrage den Schultag mit lauter Doofis, die Heimfahrt im überfüllten Bus und den Anblick von Mamas Leidensmiene, als ich frühabends nach Hause komme.

Von Jan ist weit und breit nichts zu sehen und zu hören. Mama erzählt mir, dass er sich mit Freunden trifft. Mist! Natürlich gönne ich ihm seinen Spaß, aber ich bin trotzdem enttäuscht. Gekocht hat Mama heute nichts. Sie klatscht Brot und einen Teller Wurst auf den Couchtisch. Ohne Worte schmieren wir uns eine Stulle nach der anderen, während wir in die Glotze starren. Heute tobt Mama sich an der Fernbedienung aus. Sie zappt und zappt, bis sie plötzlich bei einer Sendung mit dem Titel *Model gesucht!* landet. Die hat es ihr angetan. Wortlos sieht sie zu mir herüber. Ich nicke. Und bin kurz davor, Mama alles zu erzählen.

Noch nie habe ich mir eine Castingshow so angesehen wie heute. Wenn ich mir vorstelle, dass in Kürze ich … Stopp! Ich will nicht schon wieder enttäuscht werden. Wenn der Brummbär mir einen Bären aufgebunden hat, dann ist es eben so. Wenn er es nicht getan hat, dann kann ich jetzt etwas lernen. Zum Beispiel, dass es blöd ist, sich vor der Kamera zu streiten. Und noch blöder, zu heulen, bis die Schminke verläuft. Und am allerblödesten, wenn man auf Schuhen geht, die einem nicht passen. Ich nehme mir fest vor, mich nicht zum Affen zu machen.

Den Abend werde ich jetzt erst mal genießen. Das geht nicht ohne Chips. Ich stehe also noch mal auf und schnappe mir die große Tüte. Während bei den Mädels im Fernsehen Großkampfstimmung herrscht, futtere ich mir die Zunge wund. Irgendwann fällt mir Mama ein. Ich halte ihr die Tüte vor die Nase, aber es tut sich nichts. Erst jetzt schaue ich zu ihr hinüber. Tatsächlich, sie schläft schon wieder!

Ist mir auch recht, dann kann ich mich so richtig schön entfalten. Ich hole mir die Literflasche Cola aus dem Kühlschrank, lege die Beine auf den Tisch und lasse der Kohlensäure ihren Lauf. Ein unheimlich entspanntes Gefühl überkommt mich. Niemand meckert: „Nimm gefälligst die Füße vom Tisch!" Niemand wirft mir vor: „Du rülpst wie ein Schwein." Und niemand droht mir: „Wenn du noch einmal deine Fettgriffel am Sofa abwischst ...!"

Egal ob ich Model werde oder nicht – dieser Abend gefällt mir. Nach Model-, Sitcom- und Horrorkrimi-Gucken gehe ich endlich ins Bett. Mama lasse ich auf dem Sofa liegen. Bestimmt kümmert sich Jan um sie, wenn er zurückkommt.

6. Kapitel

Am nächsten Morgen werde ich von der Türklingel geweckt. Ich schrecke hoch und warte. Irgendeiner wird doch wohl …! Da läutet es zum zweiten Mal. Ich brülle: „Aufmachen!" Beim dritten Klingeln schwinge ich meine Beine aus dem Bett. Dann wanke ich zur Tür und spüre, dass sich der Inhalt der Chipstüte von gestern Abend mit der Flasche Cola verbündet hat. Und das leider gegen mich. Mir ist total schlecht.

Ich mache mich auf das Schlimmste gefasst: Nörgel-Paule. Doch als ich die Wohnungstür öffne, ist keiner da. Gähnende Leere im Treppenhaus. Erst jetzt kapiere ich, dass der Störenfried sich unten gegen die Haustürklingel wirft. Ich drücke den Summer, höre das Knacken der Tür und dann hastige Schritte.

„Kannst du nicht früher drücken?", herrscht mich die Briefträgerin an. „Wenn alle Leute so wären wie du, könnte ich glatt durcharbeiten. Dann bräuchte ich abends gar nicht mehr ins Bett zu gehen!"

Wütend hält sie mir etwas entgegen. Ich rechne mit einem Strafzettel wegen unrechtmäßigen

Langschlafens. Doch sie sagt nur kurz und knapp: „Einschreiben! Unterschrift hier!"

Ich tue, wie mir befohlen. Dann ist die Dame auch schon wieder weg.

Erst jetzt schaue ich auf den Riesenumschlag in meiner Hand. Und erstarre. *„youngTrend"* ist das Erste, was ich lese. „Der Recall" ist das Zweite. Das Dritte ist mein Name.

Ich reiße den Kellerschlüssel vom Haken, den einer von Mamas Lovern mal an die Wand genagelt hat, und rupfe damit am Papier herum. Zitternd fingere ich ein Päckchen Papier aus dem zerfetzten Kuvert. Das oberste Blatt ist ein Brief. Ich beginne zu lesen. Dann wird mir schwindlig.

Brummbär hat mir nichts aufgebunden. Von all den Möchtegern-Kristens ist in unserer Stadt nur *eine* weitergekommen: *ich*. Bei den Roberts waren es immerhin zwei. Insgesamt haben sie in allen Casting-Städten 15 Mädchen und 15 Jungen ausgewählt. Und die treffen sich nun alle zum Recall in Köln. Schon nächste Woche. Mit Gepäck für mehrere Tage. Denn diesmal dauert die Sache länger.

„Jan!", schreie ich.

Keiner antwortet. Vorsichtig äuge ich in Jans Zimmer und stelle fest, dass sein Bett leer ist.

Dann schaue ich auf die Uhr. Es ist 12:25 Uhr. Jan ist längst in der Uni. Und Mama bei der Arbeit. Kein Wunder, dass die rasende Briefträgerin nicht erhört wurde!

Aufgeregt tippe ich eine SMS an Jan. Ehe ich auf *Senden* drücke, verwerfe ich die Idee. Ich will sein Gesicht sehen, wenn er den Brief liest!

Übermütig werfe ich mich auf mein Bett. Ich lese den Brief wieder und wieder. Dann knöpfe ich mir die restlichen Seiten vor. So viel Text! Ich verstehe nicht ganz, was das soll. Auf jeden Fall ist es ein Vertrag. Das kapiere sogar ich, denn das steht da dick und fett als Überschrift. Muss ich das wirklich alles lesen? Ich beschließe, auf Jan zu warten. Der kann mir bestimmt erklären, worum es da geht.

Ein paar Stunden später weiß ich, dass sich das Warten gelohnt hat: Jans Freude ist so groß, dass ich um seinen Geisteszustand fürchte. Immer wieder reckt er die rechte Faust in die Luft und schreit: „Ja! Ja! Ja!"

Bis ich ihm auf die Schulter tippe und sage: „Chill runter, Bruderherz! Ich bin eine von 15."

Keine Ahnung, warum gerade ich den Tatsachen auf einmal so nüchtern ins Auge sehe. Vermutlich hat es damit zu tun, dass ich mich seit ein paar Stunden mit nichts anderem als diesem Brief beschäftige und versuche, mir den Nächste-Woche-Termin vorzustellen. 14 Mädchen wie ich! Auch wenn ich nie die Hellste war – selbst mir ist klar, dass das hart wird.

Jan sieht das mal wieder anders. „Don't worry", sagt er, „be happy!"

Mit seiner Freude steckt er mich an. Gerade überlegen wir, wie wir unseren Erfolg feiern wollen, da kommt eine SMS von Mama. Offensichtlich war Horst gnädig und hat sie wieder aufgenommen. Zum Essen wird sie jedenfalls nicht hier sein. Wir sollen uns Brote schmieren.

Das werden wir definitiv nicht tun. Stattdessen bestellen wir Pizza und machen uns einen super Abend. Während ich an dem letzten Stück Pizza knabbere, beginnt Jan den Vertrag zu lesen.

Das Erste, was er sagt, ist: „Mama!"

Ich starre ihn entgeistert an. Was ist mit Mama?

„Mama – muss – hier – unterschreiben", sagt Jan mit Nachdruck.

„Nein!", rufe ich entsetzt.

„Doch. Jetzt *müssen* wir sie informieren", stellt Jan fest und verdreht die Augen. „Sonst kannst du nicht teilnehmen. Du bist erst 16."

Verflixt! Ich kann mir schon vorstellen, wie Mama reagieren wird: „Du? Das wird doch nie etwas!“ – „Du machst dich nur lächerlich.“ – „Die anderen sind bestimmt alle besser.“

Mindestens einen dieser Kommentare traue ich ihr zu. Hundertprozentig wird sie mir alles verderben. Ich brüte finster vor mich hin.

„Was steht da eigentlich alles drin?“, frage ich nach einer Weile, weil Jan keinen Ton mehr von sich gibt.

„Pschscht!“, macht er und wimmelt mich ab. „Dieses Zeug muss man *genau* lesen.“ Er rauft sich dabei die Haare und schüttelt immer wieder den Kopf.

Mist, auf einmal wird alles kompliziert! Ich wollte da hinfahren, wollte gewinnen und die 20 Riesen abräumen. Und jetzt bekomme ich plötzlich ein ganz ungutes Gefühl. So, als ob mir etwas total Unangenehmes bevorsteht. Das will ich nicht! Ich will mich weiter freuen, verdammt noch mal!

„So“, seufzt Jan in diesem Moment, „bin durch. Ehrlich gesagt, kenne ich mich da auch nicht so gut aus. Ist wahrscheinlich normal, dass die solche Verträge schicken.“

Und weil ihm das alles noch immer nicht reicht, holt er Papier und Bleistift. „Die Tage bis zum Termin müssen genutzt werden“, sagt er und beginnt sich Notizen zu machen.

Schon wieder!, stöhne ich. Aber nur in Gedanken. Ich weiß ja, dass das undankbar ist. Den Brummbär-Erfolg verdanke ich wohl nicht nur meiner natürlichen Begabung. Ob ich ohne Jans Model-Coaching weiter wäre, ist zweifelhaft.

Ich schaue meinem Bruder also erwartungsvoll auf die Finger und hoffe, dass die Liste nicht zu lang wird.

Endlich lässt er den Stift sinken. „Hast du anständige Klamotten?“, fragt er mich als Erstes.

Die Frage ist nicht schlecht. Natürlich habe ich etwas zum Anziehen. Aber ob ich mit meinen Billigfähnchen beim Recall punkten kann, weiß ich nicht. Ehe ich zu einem Schluss gekommen bin, geht es weiter: „Was ist mit deinen Haaren? Bekommst du die am Morgen tadellos hin? Brauchst du etwas zum Föhnen?“

Puh, an was der alles denkt!

„Weißt du, wie man richtig isst?“

So langsam werde ich wütend auf Jan. Hält der mich für einen Totalausfall? „In Gesellschaft mach ich's wie die Hunde", sage ich eingeschnappt, „ich schlabbere den Teller mit der Zunge leer. Ist doch okay so, oder?"

Jan sieht mir ernst ins Gesicht. „Ich will nicht, dass du dort die Rolle der kleinen Doofen spielst", sagt er und schaut mich mit zusammengekniffenen Augen an. „Diesen Triumph gönnen wir deinen Konkurrentinnen nicht."

Erst da begreife ich, wie ernst es jetzt wird. Die Sendung von gestern Abend! Wie diese Monique sich aufgespielt hat. Und wie ihr die schöne Lilli ein süßes, kleines Löchlein ins T-Shirt gerissen hat. Klammheimlich, nur leider von der Kamera beobachtet.

Gestern konnte ich das so richtig genießen. War irgendwie unterhaltsam. Aber ich mittendrin?

Jede ist sich selbst die Nächste! Zickenkrieg! Hauen und stechen!

Kann ich mir noch nicht vorstellen. Mir wird schon wieder so merkwürdig zumute. Fast bekomme ich ein bisschen Angst. Aber nur ein bisschen. Auch ich bin gut als Zicke. Das habe ich schließlich jahrelang trainiert – in der Siedlung, in der Schule und im Umgang mit Mamas Lovern. Kampflos werde ich mich ganz bestimmt nicht ergeben.

Plötzlich fällt mir noch etwas ein. Wie wohl die Jungen sind? Ob die auch zicken?

Na gut, bald werde ich es wissen.

7. Kapitel

Die Zeit vergeht leider doch nicht so schnell, wie ich dachte. Die Tage ziehen sich wie Kaugummi. Ich will, dass es jetzt endlich so weit ist. Ich will nach Köln!

Nur ab und zu fühlt es sich an, als ob mir die Zeit davonrast – wenn ich vor lauter Angst Beklemmungen kriege. Wenn mir der Kopf schwirrt und mir die Knie schlottern.

Wie immer kümmert sich Jan um alles. Von dem Geld, das er sich in den Semesterferien erschuftet hat, kauft er mir, was nötig ist. Er meldet mich in der Berufsschule ab und erzählt denen irgendwas von einer tollen beruflichen Gelegenheit für mich. Er überzeugt Mama davon, dass diese *youngTrend*-Sache eine Superchance für mich ist. Zu meiner allergrößten Überraschung schluckt sie es. Sie setzt ihre Unterschrift unter den Vertrag und unter eine Einverständniserklärung, die Jan dazu berechtigt, mich in Köln abzuliefern. Ich glaube, sie ist froh, mich los zu sein und dabei kein schlechtes Gewissen haben zu müssen.

Als alles erledigt ist, ist endlich der Tag X: Wir müssen nach Köln. Wieder fährt mich Jan. Sein

Auto tut mir fast schon ein bisschen leid. Einen Großeinsatz auf der Autobahn hat die alte Nuckelpinne ganz bestimmt nicht mehr erwartet. Aber sie gibt sich alle Mühe. Langsam, aber sicher nähern wir uns dem Ziel. Kurz vor Köln schlägt mein Herz so heftig, dass ich mir nichts so sehr wünsche wie eine Autopanne. Doch das alte Ding kennt keine Gnade. Es hält durch. Und plötzlich sehe ich in der Ferne den Schriftzug des Hotels *Diva*. Ich schaue auf mein Handy und stelle fest, dass wir fast auf die Minute pünktlich sind.

Im Näherkommen sehe ich noch etwas: Vor dem Hotel ist ein Riesenauflauf. Jede Menge Menschen stehen da herum und gaffen. Dann sehe ich die Leute mit den Kameras. Oh Mann, ich muss da gleich durch! Was ich allerdings nicht sehe, sind andere Mädchen und Jungen.

Als wir vom Auto zum Hotel gehen, würde ich am liebsten Jans Hand nehmen. Wie früher, wenn er mich in den Kindergarten gebracht hat. Natürlich lasse ich das sein. Eine 16-Jährige, die das Kleinkind gibt, käme denen vom Fernsehen vermutlich gerade recht. Die erste Lachnummer gleich zu Beginn! Nein, da verstelle ich mich lieber und mache auf selbstbewusst.

Ich werfe mein Haar in erprobter Weise nach hinten, setze mein Kristen-Gesicht auf und stolziere hocherhobenen Hauptes neben Jan ins Hotel. Die Menschenmenge würdige ich keines Blickes. Von mir aus sollen die denken, dass der tolle Mann neben mir mein Freund ist. Ich weiß, wer er ist: Der beste Bruder der Welt – der leider nicht bei mir bleiben kann.

Drinnen geht alles ganz schnell. Eine magere Frau, die ihr Haar millimeterkurz wie eine Bürste trägt, nimmt uns in Empfang. Keine Ahnung, warum sie sich so verhunzt hat. Will sie aller Welt ihre weiße Kopfhaut zeigen? Will sie kleinen Kindern Angst einjagen? Oder ist es ihre größte Sorge, Heidi Klum ähnlich zu sehen? Ich habe ein paar Minuten Zeit, mir darüber Gedanken zu machen. Denn die Dame überprüft gründlich alle Unterlagen und lässt sich Jans Ausweis zeigen. Dann fragt sie streng nach möglichen Problemen mit Schule oder Arbeitsplatz, sollte sich die Sache hier länger hinziehen.

Jan lässt sich nicht aus der Ruhe bringen. Er beantwortet alle Fragen so überzeugend, dass die Gute irgendwann aufgibt. Erst jetzt scheint sie zu bemerken, dass da noch jemand sitzt.

„Herzlich willkommen!“, sagt sie zu mir. „Ich hoffe, du wirst dich hier wohlfühlen.“

Das hoffe ich auch. Vorstellen kann ich es mir im Moment allerdings nicht. Am liebsten würde ich mich jetzt auf der Stelle in Luft auflösen oder gleich gemeinsam mit Jan die Biege machen.

Doch dazu ist es zu spät. „Du musst jetzt sehr gut aufpassen“, sagt Bürstenkopf streng. „Also:

1. Ihr werdet noch heute die Jungen kennenlernen.
2. Mithilfe eines Harmonietests werden Paare gebildet.
3. Bereits morgen werden zehn der insgesamt 15 Paare wieder nach Hause fahren.
4. Die verbleibenden fünf Paare kämpfen um den Titel ‚Das *youngTrend*-Superpaar‘.
5. Diese letzte Ausscheidung wird ungefähr zwei Wochen dauern.
6. Ihr müsst an jedem Tag zu jeder Sekunde damit rechnen, von Kameras gefilmt zu werden.
7. Ihr habt keinen Einfluss darauf, was im Fernsehen gesendet wird.“

An dieser Stelle macht sie eine Pause, als rechne sie mit heftigem Widerspruch. Doch Jan und ich bleiben ruhig. Mit so etwas kann sie uns nicht schocken. Das wussten wir schon aus den Model-Büchern.

„Sie gehen jetzt bitte“, sagt sie urplötzlich und ohne ein Lächeln zu Jan.

Jan sieht mich bedauernd an. Dann umarmt er mich und flüstert mir ins Ohr: „Ruf mich an, sooft es geht!“

Und schon ist er draußen. Ich fühle mich schrecklich verloren. Doch viel Zeit für Abschiedsschmerz bleibt mir nicht.

„Für die gesamte Dauer der Ausscheidung werdet ihr ohne Handys sein“, sagt Bürstenknopf knallhart. „Gib mir das Ding! Ich beschrifte es und sperre es zu den anderen.“ Schon streckt sie mir fordernd ihre dürren Finger entgegen.

Damit habe ich nicht gerechnet. So langsam wie möglich fingere ich das Handy aus meiner Tasche. Mit finsterem Blick drücke ich es ihr in die Hand. Mein Wunsch, zu verschwinden, wird immer stärker. Ohne Handy mag ich nicht sein. Niemals!

„Eines muss dir zu jeder Sekunde klar sein“, sagt die Frau, während sie die Schranktür hinter meinem Heiligtum schließt, „von allem, was hier passiert, erfährt draußen kein Mensch. Das hat deine Mutter unterschrieben. Wenn du dich nicht daran hältst, kann das sehr teuer für euch werden."

Dies ist der Moment, in dem mir zweierlei klar wird:

1. Ein reines Vergnügen wird das hier nicht.
2. Ich komme aus dieser Nummer nicht mehr so leicht raus.

8. Kapitel

„Du wirst jetzt auf dein Zimmer gebracht“, unterbricht die Frau meine Gedanken.

Entschlossen schiebt sie mich zur Tür hinaus und übergibt mich einem Mann, der mit unbewegter Miene vor mir her zum Aufzug geht. Immerhin schleppt er die Tasche, die Jan mir extra gekauft hat.

Während ich ihm unsicher folge, höre ich, wie Bürstenkopf einen jungen Mann in Empfang nimmt. Na, der wird sich wundern!

Der Aufzug fährt ruckelnd nach oben und hält im dritten Stock. Hinter dem Mann her trotte ich den Gang entlang.

„Hier wohnst du“, sagt er plötzlich und hält mir die Tür zu einem Zimmer auf.

Neugierig trete ich ein und traue meinen Augen nicht.

„... wohnst *du*“, hat der Mann gerade laut und deutlich gesagt. Kein Wort von *„ihr“*!

Im Zimmer stehen drei Betten. Und zwei davon sind eindeutig belegt. Auf einem der Betten räkelt sich ein schwarzhaariges Mädchen im BH, auf dem anderen sitzt eine Blondine mit Sommersprossen. Beide schauen mich erwartungsvoll an. Genau wie zwei Kameras, die auf mich gerichtet sind.

„Jetzt seid ihr komplett“, sagt der Mann und verschwindet.

Unsicher starre ich die beiden Mädchen an. Sie starren zurück.

„Ist ja Wahnsinn, wie du Kristen Stewart ähnlich siehst!“, sagt die Blonde endlich.

„Das reicht nicht“, sagt die Schwarzhaarige, „nur ähnlich sehen reicht nicht. Man muss auch modeln können.“

Ach was! Wusste ich ja noch gar nicht. Am liebsten würde ich ihr den Stinkefinger zeigen. Doch vor laufenden Kameras scheint mir das unpassend. Ich sage also nichts und überlege, was ich stattdessen tun könnte. Weil mir nichts Besseres einfällt, beginne ich, meine Sachen in den einzigen leeren Schrank zu räumen.

„Oh, eine Ordnungstussi!“, kommt es von der Schwarzhaarigen. Das Mädchen, das bleich wie Graf Dracula persönlich ist, scheint sich viel vorgenommen zu haben. Nett zu sein scheint allerdings nicht dazuzugehören.

Schweigend setze ich meine Arbeit fort.

„Meinst du, sie kann nicht reden?“, wendet sich die Bleiche der anderen zu.

Die reagiert so cool, dass ich sie drücken könnte. „Lieber schweigen als Müll labern“, sagt sie und lächelt mich freundlich an.

Dann sagt sie: „Ich bin Tammy.“

„Mia“, sage ich und fühle mich sofort besser.

Innerhalb kürzester Zeit weiß ich, dass Tammy schon 18 Jahre auf dem Buckel hat und, wie ich, gerade erst hier eingetroffen ist.

„Das Auto meines Vaters ist so schnell, dass ich viel zu früh hier war“, meldet sich die Bleiche zu Wort. „Ich bin übrigens Ricarda.“ Offensichtlich will sie den Anschluss nicht verpassen.

Tammy tut so, als habe sie nichts gehört. Ungerührt unterhält sie sich weiter nur mit mir. Ihre beste Freundin hat ihr zugeredet, am Casting teilzunehmen. Dass sie unter die besten 15 gekommen ist, kann sie noch immer nicht fassen. Aber sie hat beschlossen, das Beste draus zu machen.

Ich erzähle ihr von Jan. Sie wird ganz wehmütig, weil sie weder Bruder noch Schwester hat. Sie ist ein Einzelkind.

„Bin ich auch“, mischt sich Ricarda ein, „finde ich klasse. Ich wüsste nicht, was mir Geschwister bringen sollten. Meine Alten geben ihr ganzes Geld für mich aus. Ist doch viel besser."

Aus der Richtung der Kameras kommt ein Geräusch. Es klingt wie ein Auflachen. Ja, hinter diesen Dingern stehen auch Menschen. Genau diese Menschen packen jetzt ihre Ausrüstung zusammen und gehen.

Während Tammy und ich gerade den tragischen Verlust unserer Handys beklagen, ist von Ricarda nichts zu hören – außer einem gleichmäßigen Tippen, das mir irgendwie bekannt vorkommt. Das kann ja wohl nicht wahr sein! Mein Kopf fährt herum. Tatsächlich, das Bleichgesicht sendet keine Rauchzeichen, sondern eindeutig eine SMS.

„Wieso hast du das noch?", fahre ich sie an.

„Weil ich nicht blöd bin", sagt sie. „Ich hab immer zwei Handys bei mir. Hab denen mein altes gegeben."

Tammy und ich schauen uns an. Sind wir wirklich so blöd? Und ist es normal, die wesentlichen Dinge doppelt zu besitzen?

Weiter komme ich nicht mit meinen Gedanken, denn die Tür fliegt auf und Bürstenkopf erscheint auf der Bildfläche. „Kommt mit", ordnet sie an, „ihr werdet euch jetzt alle mal kennenlernen."

Im nächsten Moment verändert sich ihre Stimme. „Du denkst wohl, du bist besonders schlau!“, herrscht sie Ricarda an. „Gib mir das Ding oder du bist raus, ehe du richtig drin bist.“

Ich kann nicht anders: Ich muss einfach wissen, wie Ricarda jetzt schaut.

Und das ist tatsächlich sehenswert. In Sekundenbruchteilen wird aus ihrem Mund ein flehendes Schnütchen. „Ach, kommen Sie“, bettelt sie, „das meinen Sie doch nicht ernst.“

Da ist sie bei Bürstenkopf genau an die Richtige geraten. „Und wie ernst ich das meine!“, keift sie Ricarda an und reißt ihr im selben Moment das Handy aus der Hand.

Ricardas Gesichtsausdruck ändert sich augenblicklich. „Das werden Sie noch bereuen“, faucht sie und wirft Bürstenkopf einen drohenden Blick zu. „Mein Vater wird sich über Sie beschweren.“

„Das wirst *du* bereuen“, kontert Bürstenkopf. „Dein Vater hat einen Vertrag unterschrieben. Er hat keine Chance.“

„Aber …“, versucht es Ricarda noch einmal.

„Aber …“, wiederholt Bürstenkopf ungerührt, „du hast jetzt auch keine Chance mehr. Wir haben hier ein paar Leute in Reserve. Ärger mit verzogenen kleinen Fratzen können wir uns getrost ersparen. Zieh dir was über und pack deine Sachen!“

Ricarda fährt entsetzt zusammen. Dann verlegt sie sich noch einmal aufs Betteln. „Bitte“, fleht sie, „bitte geben Sie mir noch eine Chance. Ich werde auch alles richtig machen.“

Doch Bürstenkopf will ganz offensichtlich ein Exempel statuieren. „Keine Chance!“, faucht sie. „Mädchen wie dich kenne ich. Die machen immer wieder Ärger. Die können wir hier nicht gebrauchen. Melde dich unten, wenn du fertig bist! Ich rufe deinen Vater an. Der kann dich gleich wieder abholen.“

Dann wendet sie sich Tammy und mir zu. „Kommt mit!“, sagt sie und schon ist sie draußen.

9. Kapitel

Puh, dass es hier so zugeht, hätte ich nicht gedacht! Mir schwirrt der Kopf, als ich hinter Bürstenkopf und Tammy den Gang entlangeile. Doch es bleibt keine Zeit, in aller Ruhe Hirnsortierung zu betreiben. Denn schon wieder geht alles Schlag auf Schlag.

Bürstenkopf leistet ganze Arbeit. Sie reißt eine Tür nach der anderen auf und rauscht in die Zimmer. Während drinnen etwas abläuft, was wir nur ahnen können, wirft Tammy mir einen vielsagenden Blick zu und verdreht die Augen. Doch Ricarda bleibt Bürstenkopfs einziges Opfer. Aus sämtlichen Räumen dieses Stockwerks schießen innerhalb kürzester Zeit jeweils drei Mädchen oder drei Jungen hervor. Wie eine Herde strömen wir schließlich alle gemeinsam hinter Bürstenkopf die Treppe hinunter. Zusammen mit Tammy lasse ich mich ganz nach hinten fallen und versuche, mir im Laufen ein Bild von den anderen zu machen. Fast nur lange, wehende Haare bei den Mädchen. Und die Jungen … Gerade will ich einem der männlichen Wesen unauffällig von der Seite ins Gesicht schauen, da biegt Bürstenkopf ab.

Schnurstracks führt sie uns in einen Saal, in dem schon wieder Kameramänner lauern. Die Stühle haben sie dort so aufgestellt, wie ich das aus der Schule kenne: Stuhlkreis.

Oje, denke ich, bin ich hier im Kindergarten? Doch mir bleibt wieder mal keine Zeit, genauer darüber nachzudenken.

„Setzt euch!“, tönt uns plötzlich ein Schönling entgegen, der so aussieht, als würde er mindestens drei Stunden täglich im Solarium verbringen.

Unsicher sehen wir uns an. Keiner rührt sich von der Stelle. Da fasse ich mir ein Herz und mache den Anfang. Ich lasse mich auf einen der Stühle plumpsen. Tammy setzt sich neben mich. Jetzt kommen die anderen auch auf den Trichter. Erst zögerlich, dann immer schneller schnappt sich jeder einen Platz.

Als alle sitzen, fällt mir auf, wie jeder jeden beäugt. Schließlich ist es das erste Mal, dass alle Recall-Leute vereint sind.

Sofort sehe ich, dass die Konkurrenz unter den Mädchen diesmal viel härter ist. Keine ist dabei, die die geforderten Bedingungen nicht erfüllt. Lauter große, dünne Mädchen, die mehr oder weniger nach Kristen Stewart aussehen.

Was ich außerdem feststelle: Ein Junge gefällt mir besonders. Das wundert mich. In den letzten Monaten gab es nämlich kein einziges männliches Wesen, das mich aus der Reserve hätte locken können. Ich kann noch nicht mal sagen, warum mich dieser Typ mit den verträumten Augen so anspricht. Ergründen kann ich es auch nicht. Denn jetzt geht es los.

Mr Solarium stellt sich als „Freddy" vor. Freddy zischt ein bisschen durch die Zähne und begrüßt uns alle im Namen von *youngTrend*. Er teilt uns mit, dass es hier so ähnlich zugehen wird wie bei *Germany's Next Topmodel*, nur dass hinter dem Casting eine Modefirma steckt und dass die Ausscheidung paarweise stattfindet.

„Wir sind auf der Suche nach dem Superpaar!", sagt Freddy entschlossen, wobei er reichlich Gelegenheit zum Zischen hat. „Und das Fernsehen ist immer mit dabei!", ergänzt er triumphierend.

Irgendwie erinnert mich das an die Schule. Einer, der vorne steht und Druck macht. Und viele, die es aushalten müssen.

Ich glaube, ein paar von den anderen geht es ähnlich wie mir. Sie schauen mich an und in ihrem Blick liegt so etwas wie: „Der Typ nervt!"

Einen Moment lang fühle ich mich solidarisch mit ihnen, aber dann fährt mir die Erkenntnis mit aller Wucht ins Hirn: Die sind ja alle meine Gegner! Alle bis auf einen. Den ich noch nicht kenne. Wieder gleitet mein Blick über die Jungen in unserer Runde. Keine Frage, die sehen alle nicht schlecht aus. Manche haben ein Gesicht, das wirklich an Robert Pattinson erinnert. Ein paar sehen ihm nur von der Frisur her ähnlich. Groß und schlank sind sie alle. Einer hat wohl seine Freizeit in der Muckibude verbracht. Die Muskeln quellen ihm förmlich aus dem Hemd. Es bleibt dabei: So richtig gefällt mir nur einer.

Wieder komme ich nicht dazu, der Sache auf den Grund zu gehen. Denn jetzt werde ich unsanft aus meiner Gedankenwelt gerissen.

„… beginnt die Vorstellungsrunde. Ihr müsst euch ja alle erst mal kennenlernen“, zischt Freddy genüsslich und zeigt in der nächsten Sekunde auf sein erstes Opfer.

„Du fängst an, dann geht es der Reihe nach“, kommandiert er.

Das Mädchen, auf das seine Wahl gefallen ist, läuft vor Schreck rot an. Dann erinnert sie sich wohl daran, warum sie hier ist, und sie erzählt stockend, wie sie heißt, woher sie kommt und warum sie glaubt, dass sie das Zeug zum Topmodel hat. Neben ihr sitzt ein Junge, der mehr schön als wortgewaltig ist. Er bekommt kaum die Zähne auseinander.

Dann ist mein Schwarm an der Reihe. Ob ich es will oder nicht, ich fiebere mit ihm mit. Gerade haue ich mir selbst in Gedanken eine rein, immerhin kenne ich den Kerl ja überhaupt nicht, da fängt er an zu reden – mit einer Stimme, die so sympathisch ist, dass mir sofort ganz anders wird. Er erzählt nicht unsicher, aber auch nicht eingebildet. Ich ertappe mich dabei, wie ich an seinen Lippen hänge. Fehlt nur noch, dass mir der Mund offen steht. Als er fertig ist, weiß ich, dass er Philipp heißt, aber Phil genannt wird, und dass er sich freut, hier dabei zu sein. Ich weiß noch etwas: Er ist mir nicht unsympathischer geworden.

Der Rest der Vorstellungsrunde geht an mir so gut wie vorbei. Als ich selbst an der Reihe bin, reiße ich mich am Riemen. Ich erinnere mich an Jans Ratschläge: Sprich langsam! Sprich deutlich! Sprich selbstbewusst! Hinterher habe ich keine Ahnung, ob ich gut war. Ich werfe Phil einen Blick zu. Der lächelt mich an.

„Das Besondere hier ist", tönt Freddy nun wieder selbstgefällig in die Runde, „dass ihr nicht nur Supermodels sein müsst, sondern vor allem Superpaare. Ihr müsst in jeder Sekunde zeigen, dass ihr ein Traumpaar seid. Schönheit und Harmonie – das wollen wir sehen. Kristen und Robert, oder noch besser: Bella und Edward – an die sollt ihr das Publikum erinnern."

Ein wenig verklemmt schauen wir alle in die Runde.

Doch Freddy erlöst uns von unserer Unsicherheit. „Damit es zwischen den Paaren möglichst gut funktioniert, haben wir einen Harmonietest entwickelt. Oberstes Gebot: Jeder macht diesen Test für sich allein. Wir werden ihn auswerten. Und heute Abend erfahrt ihr, wer gemeinsam antritt."

Mit wedelnden Armen scheucht uns Freddy durch den Saal, bis wir alle so sitzen, dass wir nicht zusammenarbeiten können. Dann erhält jeder von uns einen Stift und ein großes Blatt Papier. Fehlt nur noch, dass er Schummlern eine Sechs androht!

10. Kapitel

Ich überfliege das Blatt und bin beruhigt. Ich glaube, das kann ich.

Harmonietest

1. Meine Lieblingsfarbe
2. Mein Lieblingsfilm
3. Darüber ärgere ich mich
4. Mit einer Million Euro würde ich …
5. Dahin träume ich mich manchmal
6. Mein größter Wunsch

Na ja, zumindest das mit der Lieblingsfarbe ist einfach. Die ist Orange! Und das, seit ich denken kann. An meiner Zimmertür sind jede Menge Aufkleber aus Kindergartenzeiten – alle in Orange.

Mein Lieblingsfilm? Ob die erwarten, dass man da *Twilight* reinschreibt? Mir egal, ich mach das nicht. Ich stehe auf *James Bond*, egal mit welchem Darsteller. Jan hat die Filme mit mir rauf und runter geguckt, alle, vom ersten bis zum letzten.

Ich ärgere mich, wenn man mir sagt, was ich denken soll. Da muss ich kein bisschen überlegen.

Die Million fordert mich sehr. Ich grüble und grüble. Und schaue unauffällig in die Runde. Manche schreiben, als würden sie dafür bezahlt. Andere starren die Wand an.

Einer der Jungen verdreht die Augen und grinst mich an, als wolle er mir sagen: „Den Mist hätten sie sich sparen können."

Natürlich will ich wissen, was Phil gerade macht. Aber so richtig zu ihm hinglotzen möchte ich auch nicht. Ich lasse also wie zufällig meine Blicke durch den Saal schweifen. Genau in dem Moment, als sie bei Phil angekommen sind, schaut er von seinem Blatt hoch, direkt in meine Augen. Mir passiert etwas, was ich schon ewig nicht mehr wegen eines Jungen erlebt habe: Mein Herz fängt wie verrückt zu klopfen an. Oje, ich glaube, ich werde auch noch rot! Ich knipse ein kleines, hilfloses Lächeln an und wende mich wieder meinem Blatt zu. Der soll nicht denken, er wäre wichtiger als meine Model-Karriere.

Tja, wenn ich eine Million Euro hätte ... würde ich mir ein Haus, ein Auto und schicke Sachen kaufen. Und für die Armen würde ich auch etwas spenden. Und meinem Bruder würde ich etwas abgeben. Na ja, und meiner Mutter vielleicht auch. Genauso schreibe ich es auf das Blatt.

Mein Traumort? Ich träume mich auf die Insel, die einsame. Mit schön viel Natur.

Mein größter Wunsch? Ganz klar: dass ich hier gewinne. Dann wären wir der Million ja schon mal ein bisschen näher. Den letzten Satz schreibe ich natürlich nicht dazu. Uff, fertig!

Aus alter Gewohnheit knalle ich den Stift auf den Tisch. Damit habe ich schon meine Lehrer verrückt gemacht. Auch hier verfehlt mein Auftritt seine Wirkung nicht. In Sekundenbruchteilen richten sich alle Augen auf mich. Na ja, nicht wirklich alle. Aber doch ziemlich viele. Zwei von den Mädchen schauen so vorwurfsvoll in meine Richtung, dass ich ihnen eine reinwürgen könnte. Die sollen sich mal nicht so haben! Wir sind hier doch nicht im Seniorenheim.

Ich kann nicht anders, ich muss ganz schnell zu Phil schauen. Der stiert in die Luft, ganz offensichtlich fällt ihm nichts mehr ein. Und offensichtlich hat er sich durch mich nicht belästigt gefühlt. Ach, Phil!

Ein Mädchen, das so groß ist, dass es selbst mir den Scheitel küssen könnte, braucht besonders lange für den Test. Ist es das, was sie in der Schule als proportional bezeichnet haben? Je länger der Mensch …

Na ja, irgendwann gibt auch sie ihr Papier ab. Und ich rechne mit dem Schlimmsten. Bürstenkopf wird uns bestimmt wieder zurück in die Zimmer treiben. Doch die von *youngTrend* haben sich etwas anderes ausgedacht: Wir „dürfen" uns jetzt zwanglos kennenlernen.

Wie „zwanglos" das ist, wenn man vor laufenden Kameras Kontakt aufnehmen soll, spüre ich in der Blase. Ich muss dringend aufs Klo. Aber jetzt einfach abtauchen? Womöglich versäume ich etwas. Während ich versuche, so locker wie möglich dazustehen, geht mir nicht aus dem Kopf, dass man vielleicht später mal im Fernsehen sehen und hören kann, welchen Stuss ich gerade rede. Wenn Tammy nicht bei mir wäre, würde ich versuchen, mich auf Mausgröße zu schrumpfen. So stehen wir wenigstens zu zweit herum und kichern verkrampft über dummes Zeug.

Immer wieder schaue ich mich unauffällig nach den männlichen Kandidaten um. Da gibt es ein paar Kerle, die buchstäblich die Brust rausstrecken und sich in Szene setzen. Ein paar Schüchterne stehen, um Haltung bemüht, in diversen Ecken. Ein paar Lockere schäkern heftig mit den Mädchen. Phil sehe ich nicht.

In diesem Moment fragt mich Tammy, was es bedeutet, wenn jemand nur von Luft und Liebe lebt, und gibt gleich selbst die Antwort: Er hat sich 'ne Gummipuppe gekauft. Ich muss laut lachen – und spüre gleichzeitig, dass die Lage ernst ist. Ich muss wirklich aufs Klo, sonst passiert ein Unglück.

Tammy beschließt, mit mir mitzukommen. „Aus Solidarität", sagt sie und strahlt mich an.

Gerade als wir am Männer-WC vorbeihuschen wollen, öffnet sich die Tür und ein Kerl rammt mir den Ellenbogen in die Seite.

„Mach dich mal locker, Mann!", fahre ich den Typen mit einem strafenden Blick an.

Im nächsten Augenblick weiß ich auch, wer sich da locker machen soll: Phil! Ausgerechnet er! Immerhin musste er fast gleichzeitig mit mir. Wenn das kein Zeichen für Übereinstimmung ist!

Eine Sekunde lang grinsen wir uns verlegen an. Dann sagen wir gleichzeitig: „Tschuldigung!“, und müssen beide lachen.

Hinter Tammy her eile ich weiter zum Damenklo. Die hat wohl nichts mitbekommen. Woher soll sie auch wissen, dass ich auf einer Wolke schwebe? Ach, ich bin froh, dass sie bei mir ist. Ich bin auch froh, dass sie so fröhlich ist und dass sie ständig redet. Auch wenn ich ihr gar nicht richtig zuhöre.

Erst als sich plötzlich der Name Ricarda in meine Gehörgänge bohrt, werde ich aufmerksam. „Was die wohl jetzt macht?“, fragt Tammy und sieht mich interessiert an.

„Keine Ahnung“, antworte ich. „Sich ärgern, mit zwei Handys gleichzeitig simsen, ihren Vater ausnutzen? Was weiß ich.“

„Ein bisschen tut sie mir leid“, sagt Tammy, und ich nicke, obwohl ich finde, dass Ricarda selbst schuld ist.

11. Kapitel

Als wir zurückkommen, haben sie uns was zu essen hingestellt. Man kann es mit den Fingern essen. Ich bin froh und denke an das Besteck-Theater damals bei meiner edlen Freundin Helen. Ich musste tatsächlich abschauen, wie sie und ihre Eltern das machten. Oft war ich allerdings nicht bei denen. Denn Helen hat verspätet den Abflug auf die Realschule geschafft. Wer hätte damals gedacht, dass auch *ich* mal etwas schaffen würde?!

Plötzlich fällt mir ein, dass ja auch Helen mich vielleicht demnächst im TV bewundern kann. Wow, ich darf mich auf gar keinen Fall blamieren! So elegant wie möglich schiebe ich mir ein Teilchen nach dem anderen in den Mund. Konzentriert versuche ich, dabei den frisch aufgetragenen Lippenstift zu erhalten und mir keine Mayo ins Gesicht zu schmieren. Spaß macht das nicht! Der einzige Trost: Den anderen geht es genauso.

„Hab ich was an den Zähnen?“, raune ich Tammy unauffällig zu und fletsche kurz die Lippen. Auf gar keinen Fall möchte ich als Schnittlauchmonster gefilmt werden.

„Mohnkorn links oben“, sagt Tammy und ich beginne mit ausgiebigen Zungen-Reinigungsarbeiten. Schön sieht das bestimmt nicht aus. Tammy macht mir ein Zeichen, dass ich mich von den Kameras wegdrehen soll.

Gerade überlege ich, welches Teilchen ich mir als nächstes genehmige, da betritt der sonnengebräunte Freddy den Raum und schwenkt eine Liste. „Der große Moment ist gekommen“, zischt er laut und salbungsvoll. „Wir haben eure Tests ausgewertet.“

Auf der Stelle vergeht mir der Appetit. Gehetzt blicke ich ein weiteres Mal in die Runde. Wer von diesen 15 Typen wird wohl der Mann an meiner Seite sein?

Freddy macht es spannend. Es sei nicht ganz einfach gewesen, aber man habe doch recht gut sehen können, wer da zusammenpasst. Und das, dabei legt er noch mal an Ernsthaftigkeit und an Zischen zu, stehe ab sofort eben hauptsächlich im Vordergrund: dass das Superpaar eine besondere Harmonie ausstrahle.

Jetzt rutscht mir wirklich das Herz in die Jeanstasche. Wie soll ausgerechnet ich einen auf Harmonie machen, wenn ich den Typen nicht mag?

Ich konnte mich da noch nie verstellen. Das war ja das Problem mit Mamas Lovern: dass ich nicht so tun konnte, als ob. Mir stellen sich sämtliche Nackenhaare auf, wenn ich jemanden nicht leiden kann. Das hat mir auch in der Schule nicht gerade Vorteile eingebracht.

„Tammy und Luis“, höre ich Freddy sagen, „ihr seid das Paar mit der geringsten Übereinstimmung. Aber mit allen anderen Partnern hättet ihr noch weniger zusammengepasst. Ihr müsst ab jetzt richtig ranklotzen, um uns von euch zu überzeugen.“ Bei diesen Worten wedelt er Tammy mit dem machohaftesten Jungen zusammen, den ich hier entdecken kann.

„Mein Beileid“, kann ich ihr gerade noch zuraunen, dann steht sie neben ihrem Luis.

Inzwischen haben sich über zehn Pärchen gebildet. Phil und ich sind immer noch nicht dabei. Mein Herz ist wieder mit Trommelwirbeln beschäftigt. Und dabei soll ich auch noch gut aussehen!

Als Paar Nummer 14 ausgerufen wird, halte ich es fast nicht mehr aus. Außer Phil gibt es jetzt nur noch einen Jungen, den ich einfach schrecklich finde.

Lieber Gott, bete ich innerlich, bitte lass es gut gehen!

Und es geht gut. Freddy macht einen Riesenaufstand um „das Paar, das so auffallend harmoniert. Die höchsten Übereinstimmungswerte, die man sich nur vorstellen kann …“

Dann wedelt er Phil und mich zu sich nach vorne. Phil lächelt mich so süß an, dass ich ihn am liebsten knutschen würde. Ich lächle zurück. Und Freddy ist einfach begeistert.

Dann sehe ich etwas, was ich kaum glauben kann: Hinter den Kameras hält eine Frau ein Schild hoch, auf dem in Großbuchstaben steht: *APPLAUS!* Sie schwenkt es so lange, bis auch der Letzte kapiert hat, was zu tun ist. Die anderen Pärchen klatschen jetzt wie verrückt – mit strahlendem Lächeln. Wow!

„Das ist erst der Anfang“, sagt Freddy fast ein wenig drohend zu Phil und mir. „Die nächsten Tage werden zeigen, ob ihr halten könnt, was euer Test verspricht.“

In den Augen der anderen flackert jetzt etwas auf wie … Jagdfieber. Mir wird fast ein wenig bange, als ich spüre, wie wild entschlossen sie sind, uns unseren Vorsprung abzujagen. Selbst

Tammy sieht ihren Partner mit einem verschwörerischen Lächeln an.

Das kann ich auch. Ich wende mich Phil zu und blicke ihm tief in die Augen. Phil legt ganz zart den Arm um mich und erwidert meinen Blick. Wow, wenn wir jetzt nicht wären, wo wir sind …!

Doch wo wir sind, das macht uns Freddy schneller klar, als mir lieb ist. „So, morgen geht's früh raus", sagt er und klatscht in die Hände. „Um 7 Uhr wollen wir euch alle frisch und munter beim Frühstück sehen. Das heißt: Ab in die Kiste!"

Ich starre den Meister der Zischlaute fassungslos an. Der kann uns doch jetzt nicht schon ins Bett schicken. Wir sind doch keine Babys mehr!

Aber der Mann meint es ernst. Und keiner protestiert. Selbst Phil zieht nur bedauernd die Augenbrauen hoch. Dann folgt er den anderen auf die Zimmer. Auch mir bleibt nichts anderes übrig, als brav hinterherzudackeln.

An der Zimmertür treffe ich auf Tammy. Sie grinst mich an. „Glückwunsch!", sagt sie und es klingt ein kleines bisschen spöttisch. „Ein Paar mit so viel Harmonie!" Dann prustet sie los: „Ach

Quatsch, gemeinsam habt ihr wirklich eine tolle Ausstrahlung. Mein Typ und ich, wir sind der totale Reinfall. Das wird nichts. Aber den Spaß ist es mir wert."

Erst jetzt bemerken wir die Dritte im Bunde. Sie war unten mit dabei, hat sich als Bettina vorgestellt und ist mir sofort wegen ihrer langen Wallemähne aufgefallen.

„Wie haben sie dich denn so schnell hierhergekriegt?", fragt Tammy und auch ich schaue sie erwartungsvoll an.

„Nachrückerin!", sagt Bettina ohne eine Spur von Verlegenheit. „War mir irgendwie klar, dass ich schnell zum Einsatz kommen werde. Für die Reserveliste bin ich einfach zu attraktiv."

Tammy sieht mich ungläubig an. Dann schüttelt sie den Kopf und sagt: „Dass du hier bist, hast du unserer lieben Zimmergenossin zu verdanken."

Während sie Bettina die Ricarda-Geschichte erzählt, gehe ich ins Bad und mache mich bettfertig.

12. Kapitel

Als mein Wecker um 6:30 Uhr bimmelt, fühle ich mich erstaunlich frisch. War wohl doch nicht so schlecht, früh schlafen zu gehen.

Tammy und Bettina wälzen sich jammernd in ihren Betten.

„Mach den verdammten Lärm aus!“, herrscht mich Bettina an.

Doch damit kann sie mich nicht schocken. Wer je mit meiner Mutter zusammengewohnt hat, der weiß, was ein Morgenmuffel ist.

Während ich mir überlege, was ich heute anziehe, torkelt Bettina in unser Mini-Klo und dann ins Bad. Als sie 20 Minuten später immer noch verschwunden ist, reicht es mir. Ich donnere mit der Faust gegen die Tür und rufe: „Mach voran, Mädchen! Du bist hier nicht allein!“

Dann geht alles Schlag auf Schlag: Es klopft an der Zimmertür, ein paar Kerle mit Kameras trampeln herein und Bettina streckt ihren Kopf aus dem Bad. Wütend brüllt sie mich an: „Wenn du noch einmal so mit mir sprichst ...“

Weiter kommt sie nicht, denn sie entdeckt die Kameras. Mit hochrotem Gesicht taucht sie wieder ab. Kurz darauf erscheint sie gestylt und geschniegelt auf der Bildfläche.

Na, da haben wir ja schon wieder eine wunderbare Mitbewohnerin erwischt! Tammy und mir bleiben jetzt nur noch wenige Minuten, wenn wir pünktlich beim Frühstück sein wollen. Wenigstens gibt es auf dem Örtchen keine Kamera!

Ich mache Tammy ein Zeichen, dass ich mich beeile, und husche ins Bad. Vor Schreck klappt mir die Kinnlade runter. Diese Bettina hat ganze Arbeit geleistet. Wenn sie ihr Revier markieren wollte, ist ihr das prima gelungen. Über das ganze Badezimmer verteilt liegen ihre Klamotten. Auf der Ablage über dem Waschbecken ist kein Fitzelchen Platz mehr für Tammys und meine Kosmetiksachen. Und zur Krönung hat sie einen nicht unerheblichen Teil ihrer Haarpracht im Waschbecken hinterlassen. Wenn ich etwas nicht ausstehen kann, dann ist es das! Ich finde fremde Haare im Ausguss einfach widerlich.

„Verdammt!“, schreie ich und will mir gerade ein paar Grobheiten zurechtlegen. Da fallen mir die Kameraleute wieder ein. Ich muss nicht gleich am ersten Morgen als das Asi-Mädchen mit den schlimmen Ausdrücken auffallen. Ich beschließe also, den Mund zu halten, und mache mich so schnell wie möglich fertig.

Als ich Tammy nach ein paar Minuten die Türklinke in die Hand gebe, bemerke ich zweierlei:

1. Die Kameraleute sind weg.
2. Die Stimmung im Zimmer ist eisig.

Offensichtlich ist auch Tammy mit Bettina aneinandergeraten. Tammy rumpelt an mir vorbei ins Bad, nicht ohne die Augen in Richtung Bettina zu verdrehen.

Ich wiederum sage laut und deutlich: „Achtung, Ekelgefahr!" Dann wende ich mich direkt an Bettina: „Lebst du im normalen Leben auf deinem eigenen Saustallplaneten? *So* funktioniert das jedenfalls nicht mit uns!"

Bettina sieht mich ohne die Spur eines schlechten Gewissens an. Dann wendet sie sich mit einem verächtlichen Blick ab, der mehr als deutlich sagt: „Ihr seid mir doch alle zu blöd!"

Na, das kann ja heiter werden. Ich möchte nur wissen, warum wir nun schon die zweite Egozicke im Zimmer haben.

Ohne ein weiteres Wort verlässt Bettina das Zimmer. Natürlich wartet sie nicht auf uns! Als Tammy nach wenigen Minuten aus dem Bad kommt, verdreht sie die Augen ein zweites Mal und schüttelt den Kopf. Dann stürmen wir gemeinsam zum Frühstücksraum.

Ich bin gespannt, ob sie uns paarweise platziert haben, sehe aber sofort, dass alle durcheinandersitzen. Als Nächstes bemerke ich, dass keine Kameras anwesend sind.

Bettina ist umringt von einigen der Jungen, die an ihren Lippen hängen. Wenn die wüssten!

Tammy und ich quetschen uns auf die einzigen noch freien Plätze an einem Ecktisch. Als ich mich nach einer Bedienung umsehe, erhasche ich einen Blick von Phil. Vom anderen Ende des Raumes nickt er mir freundlich zu. Sofort fühle ich mich besser.

Der Kaffee ist lauwarm und die Wurst- und Käseplatten sind schon ziemlich abgeräumt. Ich versuche, die Wut auf Bettina zu unterdrücken, und mampfe mich fröhlich voll mit dem, was noch da ist.

Als ich gerade dabei bin, mir die dritte Tasse Kaffee einzugießen, erscheint Freddy auf der Bildfläche. So wie der heute leuchtet, hat er mindestens zwei weitere Stunden im Solarium verbracht. Auch das Zischen hat er nicht verlernt. „Heute wird's ernst!", sagt er drohend. „Ab jetzt geht es nonstop zur Sache."

Vermutlich bereitet der Mann seine Sätze gründlich vor. Immerhin sollen Luft und Spucke so richtig schön zum Einsatz kommen.

Mir bleibt nicht viel Zeit für meinen Spott. Denn Freddy klatscht in die Hände und scheucht uns zurück in die Zimmer. „Jetzt aber zack, zack!", ruft er. „Macht euch frisch und erscheint dann hier unten! Wir haben den ersten Außentermin. Für Kleidung und Schuhe sorgen wir. Ihr könnt also so bleiben, wie ihr seid."

Tammy und ich werfen uns einen Blick zu und stürmen los. Als Bettina im Zimmer ankommt, haben wir uns gemeinsam im Bad verbarrikadiert. Kichernd ziehen wir uns die Lippen nach und bürsten uns die Haare.

„Ich finde, wir sehen scharf aus", sagt Tammy und zischt dabei wie Freddy.

„Du bist eine super Zimmergenossin", zische ich zurück. „Im Gegensatz zu diesem Monster da draußen."

Dann drücken wir dem Monster die Türklinke in die Hand, packen unsere Taschen und hüpfen fröhlich durchs Treppenhaus.

Von unten sieht mir Phil entgegen. Aber nicht nur er. Auch eine Horde von Kameraleuten hat sich hier postiert. Sie filmen munter drauflos. Einer der Kameramänner kommt mir irgendwie bekannt vor. Er war wohl gestern bei meiner Ankunft in unserem Zimmer. Als er kurz von der Kamera aufblickt, stelle ich fest, dass er ziemlich jung ist. Er sieht nur wenig älter aus als ich und hat einen Spätpubertätspickel auf der Stirn.

Freddy lässt mir keine Zeit, genauer darüber nachzudenken. „So!", sagt er und immer wieder: „So! So! So!"

Er hetzt uns in einen Bus, der auch schon einmal bessere Tage gesehen hat. Ich überlege, ob ich gleich die Initiative ergreifen soll. Bereits auf der Busfahrt neben Phil zu sitzen, stelle ich mir reizvoll vor. Da erhasche ich Tammys hoffnungsvollen Blick und beschließe, eine gute Freundin zu sein.

13. Kapitel

Nachdem ich mich neben Tammy platziert habe, recke ich meinen Hals und sehe mich um. Außer den 15 Pärchen und Mr Solarium haben sich noch ein paar Typen im Bus verteilt, die ich nie zuvor gesehen habe. Auch Tammy hat keine Ahnung, was es mit denen auf sich hat.

Der Bus ruckelt und zuckelt etwa eine halbe Stunde mit uns durch die Stadt. Dann hält er vor einem merkwürdigen Gebäude, das aussieht wie eine Mischung aus altem Schloss und heruntergekommener Fabrik.

Bevor ich darüber nachdenken kann, was wir in dieser Ruine sollen, jagt uns Freddy aus dem Bus. Draußen stehen die Kameraleute und filmen unsere Ankunft. Als eine von uns beim Aussteigen stolpert, stürzt der Pickeljunge auf sie zu und fängt sie auf. Die Kamera lässt er dabei sinken. Ich bekomme gerade noch mit, wie ihn ein älterer Kameramann anschnauzt: „Genau auf *so* etwas musst du draufhalten. Dann fliegt sie eben auf die Fresse. Das wollen die Leute sehen."

Ich werde von den anderen weitergeschoben. Am liebsten würde ich mich zurückkämpfen und dem Kerl mal ordentlich die Meinung sagen. Der soll froh sein, wenn er selbst nicht auf die Fresse fliegt. Und den netten Pickeljungen soll er mal hübsch in Ruhe lassen.

Während ich in Gedanken üble Beschimpfungen ausstoße, lande ich in einem großen Raum. Er sieht genauso schäbig aus wie das Äußere des Gebäudes.

„Hier wird euer erstes Shooting stattfinden", lässt uns Freddy wissen.

Dann stellt er uns die Typen vor, die mit uns im Bus saßen.

„Fachleute für Kleidung, Gesicht und Frisur", sagt er und schaut uns an, als wären wir geistig zurückgeblieben. Dann fügt er gönnerhaft hinzu: „Stylisten und Visagisten eben."

Genau die fangen jetzt an, um uns herumzuschwirren. Die Jungen verschwinden in einem anderen Raum, uns Mädchen stecken sie in ein Outfit, das ich mir freiwillig niemals ausgesucht hätte: Rüschenbluse mit Blümchen drauf, weit schwingender Rock, dazu Stiefelchen mit den höchsten Hacken, die ich je an den Füßen hatte.

„Romantik-ä und Schäbigkeit-ä – das ist-ä ein-ä reizvoller Kontrast-ä", informiert uns ein herumwieselnder Fotograf, der Luca heißt und eine Überdosis „äs“ zu sich genommen hat.

Während ich versuche, ein wenig sicherer auf den hohen Hacken zu werden, überlege ich, wo und wie wir wohl gleich posen sollen. Dabei fallen mir die Jungen wieder ein. Herrje, wie sie das mit der Romantik-ä bei denen wohl hingekriegt haben?

Lange muss ich nicht überlegen. Die Tür öffnet sich und 15 Kerle in Jeans und Hemd kommen herein. Das Hemd steht bei allen offen. Hochinteressant, was es da zu sehen gibt. Einer sieht aus, als ob er ein Toupet trägt. Er hält Brustbehaarung wohl für sexy. Manche tragen die blanke Haut zur Schau. Keine Ahnung, ob da nichts wächst oder ob die sich rasieren. Einige wenige trumpfen mit einem ausgeprägten Sixpack auf. Männliche Wesen, die den Großteil ihrer Zeit im Fitnessstudio verbringen, sind nicht so mein Fall. Phil gehört zum Glück nicht zu den Sixpack-Typen. Und ich muss wieder einmal feststellen: Er sieht einfach wahnsinnig gut aus.

Die Stylisten und Visagisten nesteln unaufhörlich an uns herum, sie zupfen, toupieren, pudern, bis es irgendwann so weit ist.

„Das erste Shooting findet draußen statt", tönt Freddy. „Gerade jetzt ist das Licht so gut."

Er scheucht uns in einen Hinterhof, dessen Boden mit Steinen und Ziegelsteinbrocken übersät ist. Wieso haben die das nicht weggekehrt? Kein Mensch kann hier stöckeln!

In diesem Moment sehe ich etwas Sadistisches in Freddys Augen aufblitzen. „Die erste große Herausforderung", sagt er. „Es ist nicht leicht, sich hier elegant zu bewegen. Aber ihr wisst ja: Nur die Besten kommen weiter."

Bei „die Besten" zischt der gute Mann so sehr, dass ich erschrocken zusammenfahre. Phil, der inzwischen neben mir steht, sieht mich fast schon zärtlich an.

Vor laufender Kamera müssen nun erst mal alle Mädchen über diese Brockenwüste staksen. Gut sieht das nur bei wenigen aus.

Als ich an der Reihe bin, denke ich an Phils Gesichtsausdruck. Mein Lauf darf nicht zur Lachnummer werden. Ich konzentriere mich so sehr, dass mir tatsächlich eine gute Performance gelingt.

Selbst Freddy applaudiert entzückt. Er verzichtet sogar aufs Zischen. „Wunderbar!", ist alles, was er sagt.

Phil wiederum legt ganz sanft seinen Arm um mich, als wolle er klarstellen: „Diese tolle Frau gehört zu mir."

Nachdem das letzte Mädchen den Brockenlauf hinter sich gebracht hat, baut sich Luca wild fuchtelnd vor uns allen auf. Mit vielen „äs" versucht er zu erklären, wie er uns fotografieren will: an die hässlichste Mauer gelehnt, die ich je gesehen habe, dabei möglichst lässig in die Kamera blickend. „Kein-ä Lachen! Kein-ä Flirten! Ganz-ä cool!"

Phil und ich sind als Vorletzte dran. Wir haben viel Zeit, unsere Vorgänger zu beobachten. So langsam tun mir die Beine weh, aber es gibt weit und breit nichts zum Hinsetzen. Maulen will ich auch nicht, denn die Kameras lauern überall.

Als wir endlich an der Mauer lehnen, verstehe ich den angewiderten Gesichtsausdruck einiger Mädchen. Diese Mauer stinkt! Nach etwas ganz Bestimmtem. Genau genommen so, als habe es in dieser Fabrik nie ein Pissoir gegeben.

Ich unterdrücke einen Brechreiz, werfe mein Haar nach hinten und schaue total uninteressiert an Phil vorbei. Der wiederum tut so, als gebe es nichts Spannenderes als die Ziegelsteinbrocken zu meinen Füßen.

Luca ist begeistert. Wie ein Besessener drückt er auf den Auslöser.

Plötzlich spüre ich etwas unter meiner Rüschenbluse, das da nicht hingehört. Es fühlt sich an wie … Oh nein! Mir ist eine Spinne von dieser verdammten Mauer in den Ausschnitt gekrochen! Ich reagiere genau so, wie ich nicht reagieren sollte: Ich kreische laut auf und schlage wild um mich. Phil schaut mich entsetzt an. Luca tobt, weil ich ihm sein Motiv zerstört-ä habe. Genau jetzt-ä wäre es so super gewesen. Mir ist alles egal, ich will nur dieses Viech aus meiner Bluse haben. Hilfesuchend sehe ich mich um. Doch hier sind sich alle selbst die Nächsten. Auch Tammy tut sehr beschäftigt.

Da greife ich zum letzten Mittel: Ich reiße mir die Bluse vom Leib und greife nach der Spinne, die gerade dabei ist, mir zwischen die Brüste zu krabbeln. Im nächsten Moment habe ich die Bluse wieder an. Erst jetzt bemerke ich, dass Luca schon wieder wie wild auf den Auslöser drückt.

Unsicher sehe ich zu Phil. Der weiß wohl nicht recht, wie er sich verhalten soll.

Immerhin kann ich froh sein, dass ich meinen schönsten BH anhatte.

14. Kapitel

Als das Mauer-Shooting zu Ende ist, habe ich einen Bärenhunger. Immerhin ist es fast 12 Uhr mittags. Doch Freddy lässt uns wissen, dass wir noch eine Kleinigkeit zu erledigen haben, ehe wir zum Essen zurück ins Hotel fahren.

Die Kleinigkeit entpuppt sich als zweites Shooting. Wir bekommen neue Klamotten, die total elegant aussehen, und werden von Stylisten und Visagisten wieder auf Hochglanz poliert. Diesmal sollen wir uns zwischen die Brocken legen. Auf den blanken Boden! Ich kann es nicht glauben, aber Luca sagt uns, dass der Kontrast-ä eben so wichtig sei.

Die Paare werden so hindrapiert, dass die Beine in entgegengesetzte Richtungen zeigen, nur die Gesichter sind einander sehr innig zugewandt.

Als Phil und ich an der Reihe sind, merke ich an Phils Atem, dass auch er schon lange nichts mehr gegessen und getrunken hat. Hoffentlich rieche ich nicht auch aus dem Mund. Für alle Fälle presse ich die Lippen zusammen, aber da habe ich die Rechnung ohne Luca gemacht.

„Du musst-ä den Mund-ä aufmachen. Bist-ä doch jetzt-ä unsere sexy Lady-ä“, sagt er und lässt nicht locker, bis ich auf möglichen Mundgeruch pfeife und meine Lippen öffne.

Die Steine und Brocken tun mir weh, aber diesmal werde ich mich beherrschen. Luca schießt seine Serie und sieht dabei sehr zufrieden aus.

Als die Bilder des letzten Paares im Kasten sind, kann ich an nichts anderes mehr denken als an Essen und Trinken.

Freddy, der Grausame, hat noch eine weitere Schikane auf Lager: „Wir suchen Freiwillige, die von der Mauer springen – im Abendkleid und in die Arme ihres Partners."

Ich blicke mich um. Es wird doch wohl keine Ja sagen! Aber da melden sich auch schon die Ersten. Und am Ende sind alle dabei – total freiwillig. Wir wissen ja: Nur die Besten kommen weiter. Und die Besten, das sind eben auch die Härtesten.

Die Stylisten und Visagisten haben jetzt richtig viel zu tun, um aus unserer müden, abgekämpften Truppe vorzeigbare Kristens und Roberts zu zaubern. Ich frage mich, warum sie sich diese Mühe machen und uns nicht lieber endlich zum Kräftetanken ins Hotel fahren.

Keine drei Minuten später kenne ich den Grund. „Siehste, hat doch funktioniert", zischt Freddy der

Visagistin Winnie grinsend ins Ohr, „die sind so gierig aufs Berühmtwerden. Die kann man auspressen wie Zitronen." Und Winnie grinst vielsagend zurück: „Da spart ihr euch eine ganze Menge Arbeit – drei Shootings auf einmal. Und fürs Fernsehen jede Menge Material vom Feinsten. Sogar ein unfreiwilliger Striptease." Dabei lacht Winnie so blöde, dass ich ihr eine klatschen könnte.

Ich habe das zufällig mit angehört, weil ich meine Ohren wie so oft auf Empfang gestellt hatte. Zum ersten Mal steigt eine Riesenwut in mir auf. Für die sind wir keine Menschen, sondern Material, mit dem man Geld verdienen kann. Verdammt, ich will wenigstens für mich das Beste dabei rausholen!

Als wir endlich im Hotel ankommen, ist es schon später Nachmittag. Eine müde, ausgehungerte Truppe schleppt sich in den Speisesaal. Kristens und Roberts am Ende ihrer Kräfte. Mit Glamour hat das rein gar nichts zu tun!

Sie servieren uns noch nicht mal was Ordentliches zu essen. Es gibt Sandwiches – die können wenigstens nicht kalt werden. In einer der Schinkenschnitten entdecke ich ein Stück angeschimmelte Tomate.

Freddy schickt uns auf unsere Zimmer. „Um 18 Uhr seid ihr wieder da!“, kommandiert er und fügt streng hinzu: „Da gibt es die erste Entscheidung. Zieht euch was Anständiges an!“

Vor lauter Anstrengung habe ich völlig vergessen, dass heute schon ausgesiebt wird. Von den 15 Paaren werden nur fünf weiterkommen.

Ich bin so müde, dass ich so, wie ich bin, aufs Bett falle. Auch Tammy und Bettina lassen sich in die Kissen plumpsen. Wir sind zu erschöpft, um zu reden, und zu erschöpft, um zu streiten.

Ehe ich einschlafe, höre ich Tammy flüstern: „Hast du dir das so vorgestellt, Mia?“

„Nein!“, ist alles, was ich sagen kann. Dann dämmere ich ein.

Das Erste, was ich beim Aufwachen sehe, ist eine Kamera. Sie ist direkt auf mich gerichtet. Diesen Typen ist noch nicht mal der Schlaf heilig! Wieder unterdrücke ich das Bedürfnis, laut zu fluchen. Ich kann nur hoffen, dass ich im Schlaf nicht gesabbert habe. So elegant wie möglich gleite ich aus dem Bett, schnappe mir ein paar meiner besten Kleidungsstücke und verschwinde im Bad. Nach einer ausgiebigen Dusche beginne ich mich wieder wie ein Mensch zu fühlen.

Als Tammy und Bettina wach werden, sitze ich bereits geschniegelt und gestriegelt im einzigen Sessel des Zimmers und blättere in einem *young-Trend*-Prospekt. Die Kameramänner haben ihr Interesse an mir inzwischen verloren. Sie lauern auf die Aktionen meiner beiden Mitbewohnerinnen. Tammy schneidet eine hässliche Grimasse in Richtung Kamera. Bettina aber streckt sich, strahlt und sagt: „Ich fühle mich herrlich!"

Dann steigt sie graziös aus dem Bett und verschwindet trällernd im Bad.

Die Kameramänner haben wohl den Auftrag, uns noch eine Weile zu belauern. Sie bleiben im Zimmer. Ich rede so leise mit Tammy, dass die uns ganz bestimmt nicht verstehen können. Mit einem Ohr lausche ich angestrengt, was sie hinter ihren Kameras besprechen.

„Mit diesem Matthias wird das nichts", sagt der eine. „Hast du gesehen, wie der heute den Helfer gespielt hat?"

„Ja", antwortet der andere, „peinlich! Als ob wir das hier machen, um gut und edel zu sein."

Dann höre ich die beiden kichern.

Ich plappere weiter mit Tammy. Aber ich beschließe auf der Hut zu sein.

15. Kapitel

Als wir uns um 18 Uhr treffen, stecken sie uns sofort wieder in den Bus.

„Wir fahren ins Studio", verkündet Freddy, wendet sich ab und steigt in eine schwarze Limousine. Sie braust davon, noch bevor der Letzte von uns eingestiegen ist.

Es ist gar keine Frage, dass Phil und ich nebeneinandersitzen. Den Gedanken an Tammy verdränge ich erfolgreich.

Phil duftet stark nach Aftershave. Aber ich mag den Geruch. Ich mag inzwischen alles, was mit Phil zu tun hat. Phil erzählt mir, dass er das mit dem Modeln sehr ernst nimmt. Er möchte unbedingt Karriere machen. Ich erzähle ihm, dass ich unbedingt die 20 000 Euro haben möchte, und lache laut. Phil sagt, dass er meine offene Art süß findet. Ich wiederum finde süß, dass er so etwas sagt.

Die Fahrt vergeht viel zu schnell. Gerade, als wir uns versichern, dass wir das Zeug zum Superpaar haben, sind wir am Ziel angekommen. Wie eine Schar aufgescheuchter Hühner laufen wir in ein Haus mit grauer Nullachtfünfzehn-Fassade. Ich kann mir beim besten Willen nicht vorstellen, dass das ein Studio sein soll. Drinnen sieht es noch weniger danach aus. Alles ist irgendwie schäbig und abgenutzt. Das spielt jetzt allerdings keine Rolle, denn wir müssen in die Maske, zum Umziehen und zum Frisieren.

Die Maskenbildnerin bearbeitet mein Gesicht mit verschiedenen Pinseln, bis ich das Gefühl habe, mindestens ein Pfund Puder mit mir herumzutragen. Ehe ich mich darüber ärgern kann, werde ich weitergereicht. Ich muss verschiedene *young-Trend*-Sachen anprobieren ... Am Ende zwängt man mich in einen hautengen Hosenanzug, der seidig glänzt, steckt mir das Haar auf und reicht mir elegante High Heels. Als ich mich in einem der großen Spiegel betrachte, sieht mir ein fremdes Wesen entgegen.

In einer Art Warteraum treffen wir alle wieder aufeinander. Auch die anderen haben sie ausstaffiert, als seien sie zur Edelparty geladen. Die männlichen Wesen haben einen Zusatz-Gag zu bieten: Man hat ihnen das Gesicht vampirisch bleich geschminkt.

„Einen schönen Mann kann nichts entstellen", sagt Phil mit einem schiefen Lächeln. Dann sieht er mich bewundernd an.

Plötzlich steht Freddy im Raum. „Jetzt wird es ernst", kommandiert er. „Jedes Paar geht einmal gemeinsam den Laufsteg auf und ab. Dann bleibt *er* stehen und *sie* läuft noch einmal. Sie kehrt zu ihrem Partner zurück und wird von ihm mit einem leidenschaftlichen Vampirbiss empfangen. Die Mädels müssen sich diesmal so richtig anstrengen!"

Freddy macht eine Pause und blickt jedem Einzelnen von uns entschlossen ins Gesicht. „Wenn alle durch sind", sagt er und schweigt noch einmal für einige Sekunden, „wird die Jury ihr Urteil fällen. Dabei wird auch berücksichtigt, wie ihr euch heute beim Mauer-Shooting angestellt habt."

Die Anspannung ist ungeheuer groß. Wir wissen alle, dass es diese Gruppe nicht mehr lange geben wird. Gleich morgen früh müssen die zehn Paare abreisen, die jetzt ausgesiebt werden.

Ein Paar nach dem anderen wird aufgerufen. Als Tammy von ihrem Lauf zurückkommt, sagt sie nur eines: „Scheißschuhe!" Ihr Partner macht ein verkniffenes Gesicht. Bettina trägt ein Siegerlächeln zur Schau, als sie und ihr Partner wieder im Raum erscheinen. Manche Mädchen sind den Tränen nahe. Ein Junge macht seiner Partnerin bittere Vorwürfe.

Was bin ich froh, dass ich Phil habe! Während der Wartezeit unterhalten wir uns über unsere Figur. Phil berichtet von seinem strengen Training und erzählt, dass er sehr genau darauf achtet, was er isst. Ich gebe zu, dass ich gerne reinhaue wie ein Scheunendrescher und trotzdem schlank bleibe.

„Hast du nicht Angst, dass du zu fett wirst?", fragt Phil.

Ich schüttle den Kopf und sehe an mir hinunter. Ich bin doch die lange Dünne! Die Bohnenstange! Wie soll ich denn fett werden? Aber irgendwie ist es lieb, dass Phil so besorgt um mich ist.

Wir sind als Vorletzte dran. Als wir gemeinsam durch die Tür treten, bin ich erst mal erschüttert. Der Laufsteg sieht aus wie ein morsches Holzgestell. Hoffentlich kracht er nicht zusammen.

Phil und ich wissen, dass die Augen der Jury und ein paar Kameras auf uns gerichtet sind. Wir sehen uns an, dann gehen wir los. Im nächsten Moment weiß ich, was einige der Mädchen zum Heulen gebracht hat: Der Laufsteg ist total uneben, man muss sich beim Gehen extrem konzentrieren. Und dabei soll man auch noch attraktiv sein! Ich bekomme eine ungeheure Wut, dass die uns so etwas antun. Gleichzeitig entwickle ich eine Riesenenergie. So leicht kriegen die mich nicht klein! Ich habe heute auf den Steinbrocken durchgehalten, ich werde es auch jetzt schaffen! Phil gibt mir genau den Halt, den ich brauche.

Dann muss ich alleine gehen. Es ist entsetzlich, aber es klappt. Am Ende sinke ich Phil hingebungsvoll in die Arme und er beißt zu – ganz zart. Ich werfe einen vorsichtigen Blick in Richtung Jury und sehe Begeisterung in allen drei Gesichtern. Dann stöckle ich an Phils Arm zurück in den Warteraum.

Dort ist die Stimmung angespannt. Keiner lacht, manche sprechen leise miteinander, die meisten schweigen.

Endlich ruft man uns alle ins Aufnahmestudio. Wir müssen uns auf Sitzgelegenheiten quetschen, die mich an die langen Bänke unserer Schulturnhalle erinnern. Ein Paar nach dem anderen wird vor die Jury gerufen. Die Reihenfolge scheint total willkürlich zu sein. Kein Paar kann wissen, ob der Auftritt top oder flop war.

Bettina, die gleich als Erste dran ist, muss sich anhören, dass sie und ihr Partner zu wenig Innigkeit ausstrahlen. Dennoch kommen sie unter die besten Fünf. Die nächsten drei Paare werden so heftig heruntergeputzt, dass die Mädchen in Tränen ausbrechen. Selbst in den Augen eines Jungen glitzert es verdächtig.

Als Stephie, eines der kleineren Mädchen, mit ihrem Partner vor die Jury zitiert wird, fallen sie zu dritt über sie her: „Du musst auf deine Figur achten." – „Deine Beine sind nun mal nicht lang." – „Vielleicht hältst du mal ein wenig Diät."

Stephie schaut starr vor Schreck in Richtung Jury, dann wirft sie ihrem Partner einen entschuldigenden Blick zu.

Ich halte das fast nicht aus. „Die spinnen ja", raune ich Phil zu. „Mit 1,75 m hat man doch keine kurzen Beine."

Phil schüttelt den Kopf. Ich weiß nicht, ob er mir zustimmt oder ob er nicht möchte, dass ich rede. Ich halte also meinen Mund.

Stephie ist inzwischen begnadigt worden. Sie bekommt noch eine Chance. Obwohl ihre Figur zu wünschen übrig lässt, darf das Paar weitermachen.

Endlich werden Phil und ich aufgerufen. Wir werden mit Lob überschüttet.

16. Kapitel

„Wir sind unter den letzten Fünf. Wir sind unter den letzten Fünf. Wir sind unter den letzten Fünf." Immer wieder sage ich mir das am nächsten Morgen vor, aber die Freude will sich nicht so recht einstellen. Ich habe hier einfach schon zu viel erlebt, das mir gegen den Strich geht. Und jetzt muss auch noch Tammy abreisen. Wir umarmen uns zum Abschied und tauschen schniefend unsere Adressen aus.

Als alle ausgemusterten Kandidaten weg sind, bekommen wir, die ruhmreichen Zehn, neue Zimmer. Einzelzimmer! Im ersten Stock die Mädchen, im zweiten die Jungen. Plötzlich habe ich einen Raum für mich. Kein Wettstreit mehr ums Bad, keine Gemeinheiten mehr von Bettina!

Zeit, das zu genießen, bleibt mir nicht. Nachdem wir unsere neuen Zimmer bezogen haben, geht es schon zum nächsten Shooting. Diesmal werden wir zu einem Schrottplatz gefahren. Sie hieven uns auf die Autodächer und lassen uns dort posieren. Dann geht es weiter zu einer alten Burg. Dort müssen die Jungen in kurzen Hosen und mit blankem Oberkörper auf einer halb kaputten Treppe stehen und so tun, als sei ihnen nicht kalt. Dabei weht ein eisiger Wind. Wir Mädchen tragen immerhin T-Shirts und Jeans. Ich friere entsetzlich, aber jedes Mal, wenn ich Phil anschaue, wird mir heiß. Dieser Junge sieht einfach super aus!

Vermutlich wollen sie nicht riskieren, dass wir alle krank werden. Auf jeden Fall sind sie nach diesen beiden Shootings gnädig und fahren uns zurück ins Hotel. Diesmal gibt es immerhin eine warme Suppe. Ich esse drei Teller und schaue verstohlen zu Phil, der neben mir sitzt. Ich will nicht, dass er mich für verfressen hält, aber verhungern will ich auch nicht. Bilde ich mir das ein oder sieht er mich tadelnd an?

Während ich überlege, ob ich etwas sagen soll, fällt mein Blick auf Stephie. Sie füllt sich gerade ihren ersten Teller halb voll. Von dem Brot, das auf den Tischen steht, nimmt sie kein einziges Stück. Sofort ist die Wut wieder da. Ich könnte diesen Leuten von der Jury den Hals umdrehen!

Nach dem Essen dürfen wir uns in unseren Zimmern frisch machen, dann bereitet uns Freddy auf ein Indoorshooting vor. Er schaut dabei sehr geheimnisvoll. Eine halbe Stunde später weiß ich, warum. In einem riesigen Fotostudio dürfen wir uns in Betten räkeln. Mein Nachthemd ist äußerst knapp. Mir ist das unangenehm. Mit Phil irgendwann in die Kiste zu springen, kann ich mir vorstellen. So weit reicht meine Fantasie. Aber doch nicht jetzt und vor laufenden Kameras! Ich verkrampfe mich derart, dass Luca mir einen Anschiss verpasst. „Musst-ä locker bleiben, verdammt-ä!", schreit er mich an. „Ist-ä nicht professionell-ä, was du machst-ä." Dabei stampft er vor Wut auf wie Rumpelstilzchen.

Ich würde am liebsten aus dem Bett springen und mitstampfen. Stattdessen verdrehe ich die Augen und schaue Phil entschuldigend an. Der ist so konzentriert, dass er meinen Blick gar nicht bemerkt. Manchmal wundere ich mich, wie ernst er das alles nimmt.

Irgendwann ist Luca zufrieden und ich bin fix und fertig.

Am Abend tagt die Jury erneut. Ich bin so erschöpft, dass ich nur noch funktioniere. Offenbar tue ich das nicht schlecht, denn Phil und ich sind wieder eine Runde weiter. Zusammen mit Annmarie, Bettina, Stephie und ihren Partnern sind wir unter die letzten Vier gekommen.

Eigentlich sollte ich mich freuen, aber ich fühle mich irgendwie leer. Wie gut, dass Phil bei mir ist! Ich glaube, wir sind wirklich das ideale Paar. Die Kameraleute, die allgegenwärtig zu sein scheinen, sehen das wohl nicht anders. Sie halten heftig drauf, sobald sie uns gemeinsam vor die Linse bekommen.

17. Kapitel

Am nächsten Tag geht es wieder heftig zur Sache. Vormittags hetzen sie uns durch enge Gassen und fotografieren uns. Auf Kopfsteinpflaster ist das eine echte Herausforderung. Bettina knickt einmal heftig um. Ich ertappe mich dabei, wie ich ihr eine nette kleine Verletzung am Sprunggelenk wünsche. Aber sie ist schnell wieder auf den Beinen.

Zum Essen bekommen wir diesmal eine große Schüssel Salat, dazu Toastbrotscheiben. Danach sollen wir uns umziehen. Sie bieten uns einige *youngTrend*-Sachen zur Auswahl an.

Weil wir keine Zeit verlieren wollen, rennen Stephie, Bettina und ich nach oben. Während ich überlege, ob ich zum hautengen Lederrock lieber die High Heels oder die Stiefelsandalen anziehen soll, bemerke ich, wie Stephie ins Straucheln gerät. Unmittelbar vor mir beginnt sie zu wackeln – gerade so, als ob sie sich nicht entscheiden kann: hinaufeilen oder herunterfallen? Weil ich weiß, dass sie viel zu wenig gegessen hat, strecke ich meinen Arm aus, um sie zu stützen. Es gelingt mir. Doch im nächsten Moment trifft mich ein Schlag von der Seite. Das ist das Letzte, was ich spüre. Dann verliere ich erst das Gleichgewicht und wenig später das Bewusstsein.

Als ich wieder zu mir komme, kapiere ich erst mal gar nichts. Wo bin ich? Was mache ich in diesem Zimmer? Wer hat mir dieses Engelshemdchen angezogen? Wieso fühlt sich mein Kopf so merkwürdig an?

Ich versuche zu rufen und bin entsetzt, welch erbärmlicher Laut da über meine Lippen kommt. Plötzlich steht eine fremde Frau vor mir. Sie trägt einen weißen Kittel über ihrer weißen Hose. Nach *youngTrend* sieht diese Mode nicht aus!

Ich starre die Frau ratlos an. Da beginnt sie zu reden. Dass ich im Krankenhaus gelandet bin. Dass ich mir bei einem Treppensturz eine Gehirnerschütterung zugezogen und den Kopf aufgeschlagen habe. Und – jetzt zögert sie ein wenig – dass man die Platzwunde auf meinem Schädel nähen musste. Ich begreife nicht ganz, wo das Problem liegt. Wenn das Loch wieder zu ist, ist doch alles gut. Ich starre die fremde Frau an. Die scheint eine Doppelbegabung in Hellseherei und seelischer Grausamkeit zu haben.

„Der Arzt musste dir ungefähr so ein Stück von deinen Haaren abrasieren“, sagt sie mit Leichenbittermiene. Dabei reibt sie sich immer wieder nervös die Hände.

Es dauert eine Weile, bis ich verstehe, was die Frau mir sagen will. Vielleicht liegt es an der Gehirnerschütterung. Vielleicht weigert sich etwas in mir zu kapieren. Doch irgendwann ist die Botschaft angekommen: Ich habe eine kahle Stelle von der Größe eines Bierdeckels auf dem Kopf.

Ich weiß sofort, dass das schrecklich ist. Wie schrecklich es ist, wird mir von Sekunde zu Sekunde bewusster. Selbst wenn die mich noch heute aus dem Krankenhaus entlassen – für *youngTrend* bin ich weg vom Fenster! Die wollen kein Glatzenmonster!

Ich kann kein Wort sagen. Ich kann noch nicht mal heulen. Ich fühle mich einfach vernichtet. Plötzlich kommt mir der Schlag in den Sinn. Habe ich mir den nur eingebildet? Oder hat Bettina mich eiskalt aus dem Rennen gestoßen? Ich grüble und grüble.

Wenn Jan nur hier wäre! Jetzt fühle ich mich auch noch schäbig. Denn mir wird bewusst, dass dies der erste Moment seit unserem Abschied ist, in dem er mir entsetzlich fehlt. Vermutlich liegt es an der Sache mit Phil.

Phil! Plötzlich wird mir ganz warm ums Herz. Er wird bestimmt gleich hier sein. Sobald er erfährt, dass er mich besuchen darf, wird er sich auf den Weg machen. Getröstet dämmere ich wieder ein.

Plötzlich boxt mich jemand in die Seite. Werde ich schon wieder die Treppe runtergestoßen? Ich öffne die Augen. Eine andere Frau in Weiß reicht mir ein tragbares Telefon. Ich greife danach. Bestimmt ist es Phil, der sich nach mir erkundigen und seinen Besuch ankündigen möchte. Doch aus dem Hörer schallt Freddys Stimme. Es tut ihm leid und er wünscht mir gute Besserung.

18. Kapitel

Als ich am nächsten Morgen aufwache, kommt mir alles wie ein schrecklicher Albtraum vor. Ohne dass ich es verhindern kann, spult mein Hirn ununterbrochen die Katastrophen des gestrigen Tages ab:

1. Bettina hat mich vermutlich gestoßen, aber ich kann es nicht beweisen.
2. Für *youngTrend* bin ich aus dem Rennen.
3. Phil ist nicht gekommen, er hat noch nicht mal angerufen.

Mitten in meinen dunkelsten Gedanken meldet sich ein Arzt nebst Krankenschwester zur Stelle. Er löst den Verband von meinem Kopf, starrt ein paar Sekunden lang auf die Wunde und sagt ein einziges Wort: „Schön!"

Wenn das so schön ist, will ich es auch sehen. Ich bitte also um einen Spiegel. Der Arzt sieht die Krankenschwester an. Die zögert. Ich ahne Schlimmes, aber ich bleibe hart.

„Bitte!", flehe ich. „Ich *muss* das sehen."

Die Krankenschwester eilt hinaus und steht im nächsten Moment mit einem Handspiegel vor mir. Sie reicht ihn mir.

Was dann folgt, kann man nur mit einem einzigen Wort beschreiben: Schock! Ein Monster blickt mir bleich und glatzköpfig entgegen.

Während der Arzt mithilfe der Schwester die riesige kahle Stelle auf meinem Kopf wieder verbindet, fragt er: „Ist dir noch übel?"

Wenn ich ehrlich bin, ist mir mehr als übel. Dennoch schüttle ich den Kopf. Ich will raus hier!

Ehe der Arzt geht, lässt er mich wissen, dass die Fäden in einer guten Woche gezogen werden können – und dass ich meine Haare so lange nicht waschen darf.

Ich zucke zusammen. Das ist der totale Super-GAU!

Mir bleibt keine Zeit, mich von diesem Schock zu erholen. Denn plötzlich steht die Hellseherin von gestern neben mir. Sie hilft mir aus dem Engelshemdchen und stopft mich in meine Klamotten. Die sehen so richtig lecker aus. Das schöne knallgelbe T-Shirt ist blutgesprenkelt. Sogar auf dem Rock sind Blutflecken. Unsicher tapse ich zur Tür. Ob mich wohl jemand abholt?

Da läuft die Hellseherin zur Hochform auf: „Dieser Typ von der Modefirma hat dir ein Taxi geschickt", sagt sie, weil sie offensichtlich schon wieder ganz genau weiß, was mir durch den Kopf geht. „Ich bringe dich runter."

Unten steht tatsächlich ein Taxi. Der Fahrer spricht kein Wort mit mir. Vermutlich hat er Angst vor Monstern. Schweigend setzt er mich vorm Hotel ab. Noch während ich die Autotür schließe, gibt er Gas.

Im Hotel sehe ich mich suchend um. Wenigstens hier müsste Phil doch auf mich warten. Doch niemand ist zu sehen. Dann verziehe ich mich eben auf mein Zimmer. Während ich auf den Hotellift warte, steht plötzlich Freddy neben mir.

„Da bist du ja", sagt er. „Ist ziemlich blöd gelaufen für dich."

Ich starre ihn wortlos an.

„Dein Bruder wird bald hier sein. Ich hab ihn angerufen, als klar war, dass du nicht mehr mitmachen kannst."

Ich starre noch immer wortlos vor mich hin. Ich weiß wirklich nicht, was ich sagen soll.

Da öffnet sich die Aufzugtür – und Phil steht vor mir.

Mein Herz macht einen Sprung. Wie wird er reagieren, wenn er hört, dass ich mit sofortiger Wirkung ausgemustert bin? Am liebsten würde ich mich an seine Schulter werfen, aber ich warte lieber, bis er mich von sich aus in seine Arme schließt.

Da begegne ich seinem Blick. Kein Funken Mitgefühl ist da zu sehen. Und schon gar keine Zärtlichkeit.

„Wie kann man nur so blöd sein?!“, schreit er mir voller Wut entgegen. „Du hast alles zerstört.“

Dann biegt er um die Ecke.

Zum ersten Mal sehe ich einen Hauch von Mitleid in Freddys Augen.

„Er ist genauso weg vom Fenster wie du“, sagt er. „Ihr seid ja als Paar angetreten. Das verkraftet er nicht.“

19. Kapitel

Als ich in den Fahrstuhl steigen will, steht plötzlich der junge Kameramann neben mir. Obwohl ich gerade andere Sorgen habe, fällt mir auf, dass sein Stirnpickel inzwischen abgeheilt ist.

„Darf ich mitfahren?", fragt er freundlich.

Ich nicke, und im nächsten Moment schließen sich die Türen hinter uns.

Plötzlich beginnt er zu reden. Wie leid ihm das tut mit meinem Sturz. Dass er dran war mit Filmen, als der Unfall passiert ist. Dass er die Aufnahme gleich gelöscht hat, weil er auf keinen Fall wollte, dass ich bewusstlos und blutend im Fernsehen gezeigt werde. Und dass er bei diesem Praktikum als Kameramann gelernt hat, was er beruflich mal *nicht* machen möchte.

Dann schreibt er etwas auf einen Fetzen Papier, drückt ihn mir in die Hand und steigt aus.

Erst als ich allein im Zimmer bin, schaue ich auf den Zettel. Dort steht eine Handynummer und: *Melde dich, wenn du magst.*

Ich werde plötzlich ganz ruhig. Mechanisch ziehe ich mich um und packe meine Sachen. Als ich den Reißverschluss meiner Tasche schließe, denke ich an Jan. Er hat sie mir von seinem sauer verdienten Geld gekauft, damit ich mich hier nicht schämen muss. Wie enttäuscht er sein wird!

Langsam gehe ich zum Aufzug und fahre abwärts. Unten eilt mir eine der Visagistinnen entgegen. Sie sieht mich bedauernd an, dann hetzt sie weiter. Ich trete aus dem Hoteleingang und lasse mich auf die Treppe sinken. Irgendwie bin ich schrecklich müde.

Plötzlich nehme ich ein vertrautes Motorengeräusch wahr. Dann höre ich Jans Stimme. „Bleib sitzen! Ich sag denen schnell Bescheid, dass ich dich abhole“, sagt er im Vorbeigehen und verschwindet im Hotel.

Da fällt mir etwas ein. „Mein Handy!“, rufe ich ihm nach.

Keine Ahnung, wie lange er da drin ist. Hauptsache, er kommt irgendwann wieder und nimmt mich mit nach Hause. Bevor ich ins Auto steige, umarmt er mich. Dann schiebt er mich sanft auf den Beifahrersitz und drückt mir mein Handy in die Hand.

Eine ganze Weile herrscht Stille im Auto. Noch nicht mal die Stereoanlage hämmert. Ich habe das Gefühl, dass Jan mir etwas mitteilen will.

„Ich möchte mich bei dir entschuldigen“, sagt er so unvermittelt, dass ich zusammenzucke.

„Du dich bei mir?“, herrsche ich ihn an. „Du bist doch nicht schuld!“

„Ich hätte dir nie mit dieser Modelgeschichte kommen sollen“, redet Jan einfach weiter. „Ich bin der Ältere. Ich hätte klüger sein müssen.“

„Aber du kannst doch nichts dafür!“ Diesmal schreie ich ihn an.

„Doch!“, sagt Jan. „Ich hab dafür gesorgt, dass Mama diesen dämlichen Vertrag unterschreibt. Ich wollte einfach glauben, dass es für dich das Beste ist. Als die dich gleich in der ersten Fernsehsendung ganz groß ohne Bluse gezeigt haben, war mir plötzlich klar, dass da etwas faul ist. Dass die nur auf Sensationen aus sind und über Leichen gehen. Ich habe immer wieder versucht, dich auf deinem Handy zu erreichen. Irgendwann hab ich dann begriffen, dass die den Vertrag wirklich voll ausschöpfen und euch von der Außenwelt isolieren. Von da an hab ich nur noch gehofft, dass es gut für dich ausgeht.“

20. Kapitel

Zu Hause empfängt uns Mama. Zu meiner Begrüßung hat sie Pfannkuchen gebacken und im Backofen warm gehalten. Als sie mich sieht, umarmt sie mich kurz. Dann untersucht sie meinen Kopf. „Du Arme!“, sagt sie und streichelt mir übers Gesicht.

Ich bin so fertig, dass ich mich an sie kuschle. Das habe ich schon seit Ewigkeiten nicht mehr gemacht.

Während des Essens sagt Jan plötzlich: „Nachher kommt *youngTrend sucht* … im Fernsehen.“

Ich zucke zusammen.

„Willst du’s sehen oder macht dich das traurig?“, fragt Jan und schaut mich unsicher an.

Ich überlege. Wenn ich Phil und mich da in inniger Zweisamkeit sehe – halte ich das aus?

„Ja“, nicke ich entschlossen.

Eigentlich möchte ich Jan fragen, was sie bisher über uns gesendet haben, aber ich bringe es dann doch nicht fertig. Die Sache mit der Bluse hat mir gereicht.

Nach dem Essen packe ich meine Tasche aus und stopfe die schmutzigen Klamotten in die

Waschmaschine. Als ich mich zum ersten Mal in unserem Badspiegel sehe, kann ich nicht anders – ich muss heulen. Wie oft habe ich hier geübt und Grimassen gezogen, mit wie viel Hoffnung habe ich das Kristen-Schnütchen gezogen und mich in Pose geworfen …

Ich starre das blasse Wesen mit dem riesigen Kopfpflaster an und kann nicht mehr aufhören zu weinen. Ich weine um meine Haare, um meine verpasste Chance – und ganz besonders um Phil.

Plötzlich wird mir bewusst, dass ich gar nicht weiß, wer der echte Phil ist. Der, mit dem ich wunderbare Stunden verbracht habe? Der mit der kalten Wut im Blick? Oder ein ganz anderer?

Ich glaube, in meinem ganzen Leben hat mir noch nie etwas so wehgetan. Als Papa damals gegangen ist, war ich noch klein. Als Mama immer wieder neue Männer angeschleppt hat, war ich einfach nur sauer. Als es mit dem Schulabschluss nicht geklappt hat, hatte ich mich längst daran gewöhnt, eine Versagerin zu sein. Unmittelbar ins Herz hat mich nichts von alledem getroffen. Jetzt tut es genau dort weh.

Ich kühle mein Gesicht mit eiskaltem Wasser. Aber dass ich geheult habe, sieht man trotzdem.

Als ich ins Wohnzimmer komme, hat Mama Knabbersachen auf den Tisch gestellt und Jan bringt eine Flasche Sekt.

Ich starre ihn verständnislos an.

„Wir feiern, dass du diesen Mist hinter dir hast", sagt er und füllt drei Gläser.

Dann schaltet er den Fernseher ein.

Die Ansagerin kündigt die dritte Folge von *youngTrend sucht das Superpaar* an. Sofort danach ertönt Musik.

„Eure Musik", lächelt Mama.

„Unsere" Musik habe ich noch nie gehört.

Im nächsten Moment erscheint Freddy auf dem Bildschirm. Die Maskenbildner haben ganze Arbeit geleistet. Er leuchtet nicht ganz so heftig wie in echt. Das mit den s-Lauten können sie aber nicht wegschminken. Für mich hat es fast etwas Vertrautes, als er ankündigt, dass es heute ganz besonders spannend wird, und er dabei keine Möglichkeit des Zischens auslässt.

Innerhalb weniger Sekunden ist Freddy vom Bildschirm verschwunden und … ich bin zu sehen. Ganz lieb stehe ich vor der Badezimmertür unseres ersten Zimmers und werde von Bettina angeschrien: „Wenn du noch einmal so mit mir sprichst …“ Im Hintergrund ist Tammy zu sehen. Mir wird ganz anders. Das war unser allererster gemeinsamer Morgen, ich erinnere mich noch gut.

Doch dann verstehe ich nur noch Bahnhof.

„Zwei Tage sind die Mädchen jetzt schon zusammen“, kommentiert ein Sprecher. „Unsere Favoritin bekommt den Neid ihrer Mitbewohnerinnen deutlich zu spüren.“

Die Kamera zeigt jetzt Tammy. Die verzieht das Gesicht zu einer gehässigen Grimasse. Ich weiß genau, wann Tammy so geschaut hat, und das war ganz sicher nicht an diesem ersten Morgen, sondern am Nachmittag, als die Kamera sie beim Aufwachen filmte. Im Fernsehen lassen sie es so aussehen, als ob Bettina und Tammy gemeinsame Sache gegen mich machen würden. Ich bin so empört, dass mir erst mit einiger Verzögerung bewusst wird: *Ich* bin die Favoritin! Für all die Zuschauer, die jetzt gerade vor ihren Fernsehgeräten sitzen. Keiner von denen kann auch nur ahnen, dass die Favoritin längst zum Monster mutiert ist und nach Hause geschickt wurde.

Nachdem einige Szenen aus anderen Zimmern gesendet worden sind, beginnt ein Bericht über das Shooting an der Mauer.

„Hä?“, sage ich zu Jan. „Du hast doch gesagt, die Blusenszene haben sie längst gesendet. Die stammt doch vom Mauer-Shooting. Mir ist von dieser stinkenden Mauer eine Spinne in den Ausschnitt gekrochen.“

„Im Ernst?“, schreit Jan empört auf. „Die haben das so hingestellt, als ob du die Aufmerksamkeit auf dich ziehen wolltest mit deinem Strip. Ich war mir sicher, dass das nicht stimmt. Ich dachte, die hätten dich so lange bequatscht, bis du bereit warst, als Einzige die Bluse auszuziehen.“

Wenn ich nicht so kaputt wäre, würde ich Jan jetzt eine scheuern. Wie kann er mir so etwas zutrauen?

Da sehe ich Phil. Er lehnt an der Mauer und wirft mir einen grandiosen Robert-Pattinson-Blick zu – cool, gut aussehend und so vertraut, dass mir erneut das Herz schmerzt.

Auch in dieser Szene werden wir als Favoriten-Pärchen präsentiert. Als Pärchen, das außergewöhnlich viel Harmonie ausstrahlt und den berühmten Vorbildern außergewöhnlich ähnlich sieht.

Ich bin so mit meinem Schmerz beschäftigt, dass der Rest der Sendung an mir vorbeirauscht.

Erst als ich den Catwalk auf diesem schäbigen Holzgestell in Richtung Phil staksen muss, schaue ich wieder genauer hin. Ich muss zugeben: Ich bin wirklich gut. Und Freddy sagt mir das ja auch deutlich.

Am Ende der Sendung bin ich total verwirrt. So wie die das gesendet haben, war es nicht, das ist klar. Klar ist aber auch, dass die Zuschauer das nicht wissen können. Die vom Fernsehen schneiden die Szenen so zusammen, dass niemand merkt, wo geschummelt wurde. Das macht mich echt wütend! Na gut, wütend ist immer noch besser als traurig.

21. Kapitel

In dieser ersten Nacht zu Hause kann ich nicht gut schlafen. An meiner Platzwunde liegt das nicht. Die tut kein bisschen weh. Es ist das Durcheinander in meinem Kopf, das mich nicht zur Ruhe kommen lässt. Immer wieder werde ich wach und spüre eine Riesensehnsucht nach Phil in mir. Immer wieder habe ich sein wutverzerrtes Gesicht vor Augen. Und immer wieder hoffe ich für einen Sekundenbruchteil, dass alles nur ein Albtraum war.

Irgendwann schlafe ich doch noch tief und fest ein. Es ist fast Mittag, als ich wach werde. Ich torkle aus meinem Zimmer und bemerke dreierlei:

1. Mama ist nicht bei der Arbeit, sondern steht in der Küche und kocht.
2. Neben ihr steht Paule und schnippelt Gemüse.
3. Es riecht herrlich.

Für einen Moment ziehe ich in Erwägung, dass *in* meinem Kopf auch etwas kaputtgegangen ist.

Offensichtlich lässt mein Gesichtsausdruck keinen Zweifel an meinen Gedanken. Denn Mama beginnt einen Satz mit „Nein", obwohl ich noch keinen Laut von mir gegeben habe.

„Nein“, sagt sie, „es ist nicht so, wie es aussieht.“

Paule grinst mich verlegen an. „Nein“, sagt jetzt auch er und klingt dabei erstaunlich nett, „du brauchst wirklich keine Angst zu haben. Ich bin *nicht* der neue Mann im Haus. Ich bin nur der Küchenhelfer.“

Ich sollte jetzt an die Decke hüpfen, vor Erleichterung tanzen oder ganz cool sagen: „Das will ich euch auch geraten haben.“ Aber ich finde sie eigentlich ganz nett, die beiden, wie sie da einträchtig in der Küche stehen: meine Mutter, die plötzlich die Hausfrau spielt, und Nörgel-Paule, der heute gar nicht stinkt.

„Musst du nicht arbeiten?“, frage ich Mama nur.

„Heute nicht“, sagt Mama, „ich hab denen endlich gesagt, dass ich auch mal freihaben will, wenn ich schon so oft Überstunden mache. – Ach“, wechselt sie das Thema, „ich hab deine Wäsche aufgehängt und deine Tasche fertig ausgeräumt. Da war so ein Zettel drin. Ich hätte ihn beinahe weggeworfen.“

Sie greift in ihre Jeanstasche und reicht mir einen Papierfetzen. Im ersten Moment weiß ich nicht, was es damit auf sich hat. Im zweiten erinnere ich mich: der nette junge Kameramann.

„Danke“, sage ich zu Mama, „zweimal danke.“
Dann speichere ich die Nummer unter *Matthias* im Adressbuch meines Handys.

22. Kapitel

Ich schaue in den Spiegel. Noch immer habe ich mich nicht an den Seitenscheitel gewöhnt. Aber ich muss zugeben, dass meine langen Haare die Glatze so einfach besser verdecken. Die Glatze, die erst so richtig zur Geltung kam, als das Pflaster entfernt und die Fäden gezogen waren. Damals war ich noch mal so richtig wütend auf Bettina. In meinem Innersten war und bin ich sicher, dass sie mir den entscheidenden Stoß verpasst hat.

Die Idee mit dem neuen Scheitel hatte Mama, und der Friseur hat getan, was er konnte. Inzwischen haben sich die nachwachsenden Haare wie Borsten durch meine Mähne gearbeitet. Jeden Tag versuche ich sie platt zu drücken, aber sie gehorchen mir nicht. Ich finde, dass ich als Teil-Igel total daneben aussehe, aber ich weiß, dass es vorbeigeht. Alle versichern mir, dass es nur ein paar Monate dauert, bis die Stoppelhaare lang genug sind, um unter den anderen Haaren versteckt zu bleiben. Das halte ich aus! Genauso wie das Warten auf Matthias. Inzwischen chatte, simse und telefoniere ich fast täglich mit ihm. Er hat mir versprochen, mich zu besuchen, wenn er sein Praktikum beendet hat. Und ich habe ihm versprochen, mich endlich ernsthaft um einen Ausbildungsplatz zu bemühen.

Gleich werden mich Paule und Mama zu meinem ersten Vorstellungsgespräch fahren. Ich weiß nicht, ob sie das sind, was man ein Paar nennt. Ich weiß nur, dass sie sich gegenseitig guttun. Mama war schon lange nicht mehr so glücklich wie in den letzten Wochen, und Paule hat nie wieder gestunken. Auch aus seiner Wohnung mieft es nicht mehr. Arbeit hat er wohl immer noch keine, aber immerhin hilft er Mama beim Kochen.

Es klopft an der Tür. Dann öffnet sie sich einen Spaltbreit und Jans Kopf erscheint. „Wow", sagt er, „gut siehst du aus. Viel Glück!"

Ich überlege, ob ich ihm meinen feuchten Waschlappen an die unversehrte Birne werfen soll, sage dann aber doch ganz lieb: „Danke." Ich bürste mir noch einmal durchs Haar und mache mich fertig.

Übrigens: Bettina ist nicht Siegerin geworden. Ihre eingebildete Art hat ihr am Schluss einen Strich durch die Rechnung gemacht. Gewonnen haben Stephie und ihr Partner. Ich hoffe nur, sie wird sich das Essen nicht total abgewöhnen.

Laut Matthias hat es rund ums Geld noch gewaltigen Ärger gegeben. Die Sieger haben ihre 20 000 Euro bis heute nicht erhalten.

Mit Tammy habe ich nach wie vor Kontakt.

Von Phil habe ich nie wieder etwas gehört.

Leseprobe aus:

Cornelia Franz, Spurensuche

Schulausgabe erschienen im
Hase und Igel Verlag, Garching b. München
ISBN 978-3-86760-120-7
Begleitmaterial für Lehrkräfte
ISBN 978-3-86760-420-8

Es dauerte keine Viertelstunde, da blieb mir nichts anderes übrig, als meinen Vorsatz über den Haufen zu werfen. Ausgerechnet Hardy lief mir über den Weg. Er kam mir auf seinen Inlineskates entgegen und drehte extra wieder um, um mit mir zu sprechen.

„Hey, Lilly. Wie siehst du denn aus?“

Ich warf ihm einen möglichst mürrischen Blick zu. Der sollte mich bloß in Ruhe lassen.

„Du siehst aus, als hätten sie dir deinen Teddy geklaut.“ Er beugte sich zu mir runter, um mir ins Gesicht zu sehen. „Hast du geheult?“

Ich gab ihm einen Schubs, sodass er fast auf die Straße gerattert wäre. „Verzieh dich!“, schrie ich und bog in unsere Straße ein.

Doch Hardy kam hinter mir her. „Nun warte doch mal. Ich muss dir was erzählen. Weißt du, wen ich getroffen habe?“

„Nee. Interessiert mich auch nicht."

„Die Frau aus dem Bus. Die, die Peters Schwester entführt hat. Sie saß wieder im 287er."

Ich blieb stehen und funkelte ihn an. „Sie hat Hanne nicht entführt, du Schwachkopf!"

Hardy baute sich vor mir auf und stemmte die Fäuste in die Seiten. „Ach, und woher weißt du das?"

„Kann dir doch egal sein."

„Ist es aber nicht. Schließlich hab ich mich ziemlich reingehängt, damit sie geschnappt wird." Hardy grinste stolz.

Ich schaute ihn entgeistert an. „D-d-du hast wa-was?"

„Na, ich hab ihr im Bus die Monatskarte aus der Tasche geklaut. Du wolltest doch unbedingt wissen, wo sie wohnt, oder nicht?"

„Das g-glaub ich nicht!" Ich ließ mich auf eine Bank vor der Apotheke sinken.

Hardy setzte sich neben mich und streckte seine langen Beine aus. „War 'ne Kleinigkeit. Sie hat's bestimmt nicht gemerkt."

„Wann w-w-war das denn?"

„Heute Morgen, als ich auf dem Weg in die Stadt war. Wie gesagt, ich wollte gerade …"

„Und w-wo ist die K-k-karte jetzt? Hast du sie noch? G-gib her!“ Ich packte Hardy am Arm und schüttelte ihn. Am liebsten hätte ich den ganzen bescheuerten Kerl durchgeschüttelt, bis ihm Hören und Sehen verging.

„Tickst du noch richtig? Was soll denn das? Ich hab sie nicht mehr!“

„Sag bloß, du bist zur Po-polizei ge-ge-gangen.“

„Nee. Ich hab sie Peter gegeben. Ist ja schließlich seine Schwester, die verschwunden ist.“

„Wann?“

„Vor ’ner Viertelstunde, wenn du’s genau wissen willst. Ich komm gerade von Petersens.“

„Sch-sch-scheiße!“ Ich sprang auf und wollte losrennen, wobei ich über Hardys Inlineskates stolperte.

Hardy konnte mich gerade noch festhalten. „Hey, warte mal. Was ist denn überhaupt los mit dir?“

Ich versuchte mich loszureißen, doch Hardy war schneller und drückte mich auf die Bank. „Bevor du mir nicht sagst, was der ganze Stress soll, kommst du hier nicht weg.“

Wütend und hilflos funkelte ich ihn an. „La-la-lass mich lo-los, d-d-du Idiot!“

„La-la-la, lo-lo-lo, li-li-li …“, äffte Hardy mich nach und packte noch fester zu.

Plötzlich brach ich in Tränen aus. Normalerweise heule ich nicht, wenn man mich nachmacht, aber an diesem Tag war mir das einfach zu viel.

Hardy lockerte seinen Griff. „Mensch, Lilly, nun heul doch nicht. Das war doch nur ein Scherz …“

Ich sprang auf die Füße. „Peter darf nicht zu ihr!“, schniefte ich und dann rannte ich los.

Hardy rollte neben mir her. „Aber das ist doch alles halb so wild. Wenn sie nichts verbrochen hat, dann wird sie Peter einfach einen Anschiss verpassen, wenn er mit ihrer Monatskarte ankommt. Kann ihm sicher nicht schaden.“

Wir waren noch etwa hundert Meter von Petersens Haus entfernt, als ich Peter sah. „Da ist er!“, rief ich und lief schneller. Peter ging über die Straße auf die Bushaltestelle zu. In diesem Moment kam auch schon der 287er. „Er darf nicht zu ihr, Hardy!“

Gott sei Dank reagierte Hardy mal, ohne lange zu fragen. Er sauste auf seinen Inlineskates los. Ich konnte nicht sehen, ob er Peter noch erwischte, weil der Bus mir die Sicht versperrte. Aber als der 287er anfuhr, standen die beiden nebeneinander an der Haltestelle und warteten auf mich.

Mir fiel ein Stein vom Herzen.

Wir saßen im Eiscafé des Einkaufszentrums. Hardy und Peter schaufelten sich riesige Krokantbecher rein. Ich nuckelte nur an einem Strohhalm. Ich war viel zu aufgeregt, um Eis zu essen.

Auf dem Weg zum Café hatte ich mir eine Geschichte ausgedacht, die mir die beiden am Ende tatsächlich abgenommen hatten. Ich hatte irgendetwas davon gestottert, dass ich der Frau letzte Woche bis zu ihrer Wohnung gefolgt wäre und ihr dann von meinem Verdacht erzählt hätte. Daraufhin hätte sie mir gezeigt, dass bei ihr weit und breit kein Kind zu sehen war, und mir angedroht, mich wegen Verleumdung zu verklagen, wenn ich sie weiterhin belästigte.

Peter wollte trotzdem noch mal raus nach Chicago fahren. Ich musste richtig betteln, um ihn davon abzuhalten. „Mein Vater macht mich f-fertig, wenn die mich anzeigt. Das ist k-keine Entführerin, g-g-glaub mir doch, P-p-peter."

Peter ließ nicht locker. „Ich kann doch einfach mal bei ihr klingeln. Es ist die einzige Spur, die wir überhaupt haben." Er holte die Monatskarte raus und musterte das Foto.

Ich riss ihm die Karte aus der Hand. „Sie war es nicht, verdammt noch mal!" Ich trat so gegen den kleinen Metalltisch, dass die Gläser klirrten. „J-j-jemand anderes hat Hanne entführt!"

„Ach! Und wer?" Peter und Hardy beugten sich gleichzeitig vor.

„Jaa, a-a-also … i-i-ich w-weiß … i-i-ich mu-mu-muss …" Zum ersten Mal in meinem Leben war ich froh, dass ich stotterte. So hatte ich wenigstens noch ein paar Sekunden mehr Zeit zum Nachdenken. „Ich muss n-noch was W-w-wichtiges rausfinden, ehe ich den N-n-namen sagen k-k-k-kann."

Hardy lehnte sich grinsend auf seinem Stuhl zurück. „Was denn, bitte sehr? Das ist doch genauso eine falsche Fährte wie die Frau im Bus. Du willst dich doch nur wichtig machen."

Peter zerknüllte seine Papierserviette und sah mich voller Hoffnung an. „Und wann weißt du mehr, Lilly?"

Ich schluckte. Ich hatte bei der ganzen Rumspinnerei nur daran gedacht, dass niemand die Frau, die angeblich meine Mutter war, kennenlernen sollte. Aber es ging ja auch um Peter! Peter, der seit zwei Wochen mit der Sorge herumlief, dass seiner Schwester etwas passiert war. Der Angst haben musste, dass sie vielleicht schon gar nicht mehr lebte. Und der sehnsüchtig auf ein klitzekleines Zeichen wartete, das ihm helfen konnte. Hätte ich doch bloß meine Klappe gehalten!

„M-m-morgen N-nachmittag!“ Ich stand auf. Während ich meinen Geldbeutel aus der Hosentasche fummelte, versicherte ich Peter hastig, dass ich ihm morgen ganz bestimmt mehr sagen könne, aber davor unbedingt noch etwas erledigen müsse.

Peter sah mich mit seinem Hundeblick an und Hardy guckte misstrauisch. Aber sie willigten ein, sich am nächsten Tag wieder mit mir im Café zu treffen. Als ich zur Theke ging, um zu bezahlen, hörte ich, wie Hardy murmelte: „Wehe, die verarscht uns!“

In genau vierundzwanzig Stunden würde also meine idiotische Lüge auffliegen. Ich würde Peter gestehen müssen, dass ich nicht die geringste Ahnung hatte, wo seine Schwester steckte. – Außer es gelang mir tatsächlich, eine Spur zu finden, die uns zu Hanne führte.